# 中学学校管理与家校合作模式探索

蔡艳君　著

北京燕山出版社

BEIJING YANSHAN PRESS

**图书在版编目（CIP）数据**

中学学校管理与家校合作模式探索 / 蔡艳君著. ——
北京 : 北京燕山出版社，2024.5
ISBN 978-7-5402-7221-0

Ⅰ．①中… Ⅱ．①蔡… Ⅲ．①中学-学校管理②中学
-学校教育-合作-家庭教育 Ⅳ．①G63

中国国家版本馆 CIP 数据核字 (2024) 第 045226 号

中学学校管理与家校合作模式探索

| | |
|---|---|
| 著　　者 | 蔡艳君 |
| 责任编辑 | 李　涛 |
| 封面设计 | 刊　易 |
| 出版发行 | 北京燕山出版社有限公司 |
| 地　　址 | 北京市西城区椿树街道琉璃厂西街 20 号 |
| 电　　话 | 010-65240430 |
| 邮　　编 | 100052 |
| 印　　刷 | 明玺印务（廊坊）有限公司 |
| 开　　本 | 710mm×1000mm　1/16 |
| 字　　数 | 175 千字 |
| 印　　张 | 13 |
| 版　　次 | 2025 年 3 月第 1 版 |
| 印　　次 | 2025 年 3 月第 1 次印刷 |
| 定　　价 | 80.00 元 |

# 前　言

随着社会的不断发展和教育改革的不断深化，初中学校管理面临着越来越多的挑战和要求。家校合作模式作为一种创新性的教育管理方式，在实践中逐渐得到了广泛的认可和应用。本书旨在探讨家校合作模式在初中学校管理中的应用与实践，以期为初中学校管理者提供有益的参考和启示。

第一章介绍了初中学校管理的基本概念与原则，包括学校管理的定义、目标、原则和方法等。在这一章中，我们将深入探讨学校管理的内涵和外延。

第二章回顾了初中学校管理的历史演变与发展趋势。从古代的家族教育到现代的学校教育，从单向的学校教育到互动的家校合作教育，学校管理的方式和手段不断发生变化。在这一章中，我们将梳理学校管理的历史演变，并探讨其未来的发展趋势。

第三章分析了初中学校管理的现状与挑战。当前，初中学校管理面临着诸多挑战，如学生心理健康问题、家庭教育缺失、社会环境变化等。在这一章中，我们将深入剖析这些挑战，并提出相应的应对策略。

第四章至第七章分别探讨了家校合作模式在初中学校管理、教学管理、学生事务管理和危机管理中的应用。家校合作模式强调家长与学校的合作、互动和共享，通过共同参与和管理学生的成长过程，实现学生的全面发展和成长。在这一部分中，我们将结合实践案例，探讨家校合作模式的实施方式及其效果评估。

第八章介绍了家校合作模式的实践案例与效果评估。通过实践案例的分析和效果评估的展示，我们可以更加直观地了解家校合作模式的实际效果和应用价值。

第九章提出了提升初中学校管理中家校合作的对策建议。包括加强政策引导、完善组织架构和运行机制、加强教师培训、拓展合作渠道和方式以及建立科学的评价机制等方面。这些对策建议对于初中学校管理者来说具有重要的参考价值和实践意义。

本书旨在为初中学校管理者提供一种全新的管理理念和方法——家校合作模式。通过深入探讨家校合作模式在初中学校管理中的应用与实践，本书力图为初中学校管理者提供些许有益思路和方法，以应对当前教育改革和发展的挑战和要求。同时，本书也希望能够在实践中进一步推广和应用家校合作模式，为初中教育的改革和发展作出积极的贡献。

# 目　录

# 第一章 初中学校管理概述

## 第一节 初中学校管理的基本概念与原则

### 一、初中学校管理的定义与内容

初中学校管理是指通过一定的措施和手段，对初中学校的教育、教学、科研、人事、财务、安全等方面进行协调、组织、指导和控制，以实现学校办学目标的过程。初中学校管理的内容主要包括以下几个方面。

（一）教育教学管理

教育教学是初中学校的核心工作，也是实现学校办学目标的重要途径。初中学校管理应制定符合国家教育方针和学校实际的办学宗旨和目标，并围绕这些目标和宗旨开展教育教学活动。同时，学校还应建立完善的教学质量监控体系，对教学质量进行全面监测和评估，及时发现问题并采取措施加以改进。

（二）学生管理

学生是初中学校的重要群体，学校应加强对学生的管理，关注学生的全面发展。初中学校管理应建立健全学生管理制度，包括学生守则、学籍管理、奖学金制度等，以保证学生行为的规范化和管理工作的有序进行。同时，学校还应注重学生的心理健康和思想教育，帮助学生树立正确的世界观、人生观和价值观。

（三）教职工管理

教职工是初中学校教育教学工作的主体，学校应加强对教职工的管理，提高教职工的素质和工作积极性。初中学校管理应建立完善的教职工管理制度，包括招聘、培训、考核、评价等环节，以保证教职工队伍的质量和稳定性。同时，学校还应注重对教职工的培训和发展，提高教职工的专业素质和工作能力。

（四）财务管理

财务管理是初中学校管理的重要组成部分,关系到学校的正常运行和发展。初中学校管理应建立完善的财务管理制度,包括预算编制、经费使用、报销制度等,以保证学校的财务工作的规范化和科学化。同时,学校还应注重财务信息的公开和透明度,增强社会对学校的信任度。

（五）校园安全管理

校园安全是初中学校管理的基础工作之一,关系到师生的生命财产安全和学校的正常运转。初中学校管理应建立健全校园安全管理制度,包括安全教育、消防安全、食品安全等方面,以保证学校的安全稳定和师生的身心健康。同时,学校还应注重与当地政府和社区的合作,共同维护校园周边环境的安全和稳定。

（六）信息化管理

信息化是当前教育发展的重要趋势之一,初中学校管理应加强对信息化的建设和管理,提高学校的信息化水平和管理效率。初中学校管理应建立完善的信息管理制度,包括信息安全、信息发布、网络管理等,以保证学校信息工作的规范化和科学化。同时,学校还应注重对信息化资源的整合和利用,促进信息化与教育教学的深度融合和创新发展。

（七）德育管理

德育是初中学校教育的重要组成部分之一,关系到学生的全面发展和社会责任感的形成。初中学校管理应建立健全德育管理制度,包括德育课程建设、学生思想教育、社会实践等方面,以增强德育工作的实效性和针对性。同时,学校还应注重与家庭、社会的协同合作,共同营造良好的德育环境和社会氛围。

（八）科研管理

科研是初中学校发展的重要支撑之一,初中学校管理应加强对科研工作的管理和指导,提高学校的科研水平和创新能力。初中学校管理应建立完善的科研管理制度,包括科研项目申报、科研经费使用、科研成果评价等方面,以保证科研工作的规范化和科学化。同时,学校还应注重科研成果的应用和推广工作,促进科研与教育教学的相互促进和创新发展。

## 二、初中学校管理的原则

初中学校管理应该遵循一定的原则，以确保学校各项工作的有序进行和办学目标的实现。

### （一）教育性原则

初中学校管理应具有教育性，以培养学生的全面发展和健康成长为出发点和落脚点。在制定管理制度和措施时，应充分考虑对学生的教育效果和教育价值，注重培养学生的综合素质和社会责任感。同时，在管理过程中，应注重对教职工的教育和培训，提高教职工的教育教学能力和素质。

### （二）科学性原则

初中学校管理应遵循科学性的原则，建立完善的管理制度和规范，运用科学的方法和手段进行管理。科学性原则要求学校管理要有明确的目标和计划，注重对教职工和学生的考核和评价，以及对教育教学质量的监控和评估。同时，科学性原则还要求学校管理要注重对数据的收集和分析，为决策提供科学依据。

### （三）民主性原则

初中学校管理应遵循民主性原则，实行民主管理和民主决策。教职工和学生是学校的主体，学校应充分发扬民主，广泛征求教职工和学生的意见和建议，尊重他们的权利和尊严。同时，学校还应建立健全民主监督机制，保证教职工和学生能够参与学校的决策和管理过程。

### （四）规范性原则

初中学校管理应遵循规范性原则，建立健全管理制度和规范，使各项工作有章可循、有据可查。规范性原则要求学校管理要有明确的职责和分工，各项工作应按照规定的程序和步骤进行。同时，学校还应注重对各项工作的监督和检查，发现问题及时采取措施加以改进。

### （五）服务性原则

初中学校管理应遵循服务性原则，以服务学生和教职工为宗旨。学校应注重对教职工的服务，为教职工提供良好的工作环境和条件，关心教职工的生活和工作。同时，学校还应注重对学生的服务，关心学生的身心健康和学习生活，帮助学生解决困难和问题。

（六）创新性原则

初中学校管理应遵循创新性原则，注重对管理的创新和发展。随着时代的变化和教育的发展，初中学校管理面临着新的挑战和机遇。因此，学校应注重对管理的创新和发展，根据时代的变化和教育的发展不断更新管理理念和方法手段，为学校的持续发展提供坚实的保障和支持。

〔七〕安全性原则

初中学校管理应遵循安全性原则，注重对校园安全的管理和维护。学校应建立健全校园安全管理制度，包括安全教育、消防安全、食品安全等方面，保证学校的安全稳定和师生的身心健康。同时，学校还应注重与当地政府和社区的合作，共同维护校园周边环境的安全和稳定。

（八）信息化原则

初中学校管理应遵循信息化原则，注重对信息化的建设和管理。信息化是当前教育发展的重要趋势之一，初中学校管理应加强对信息化的建设和管理，提高学校的信息化水平和管理效率。同时，学校还应注重对信息化资源的整合和利用，为信息化与教育教学的深度融合和创新发展提供坚实的保障和支持，为培养高素质人才作出更大的贡献。

（九）协同性原则

初中学校管理应遵循协同性原则，进一步更好地发挥协同作用。学校应加强与家庭、社会等各方面的联系与合作，形成协同育人的良好局面。同时，学校还应注重校内各科室之间协调合作，充分发挥各部门的职能作用，形成全校一盘棋的良好氛围，为实现学校的办学目标提供有力的支持。

# 第二节　初中学校管理的历史演变与发展趋势

## 一、历史演变

初中学校管理的发展历程是一个不断演变和进步的过程。随着时代的变迁和社会的发展，初中学校管理面临着不同的挑战和机遇，管理理念、制度、方法手段等也不断地进行调整和创新。

（一）传统管理阶段

在传统的初中学校管理中，控制和规范是核心概念。这种管理方式主要是为了维护学校的秩序和稳定，因此它侧重于对教职工和学生的行为进行严格的控制。学校会制定一系列的纪律和规定，要求所有人员都必须遵守。如果有人违反了规定，学校会采取相应的惩罚措施，以纠正其行为。

这种管理方式在一定程度上确实能够维护学校的正常秩序，确保所有人都按照规定行事。然而，它也存在一些问题。

首先，传统的管理方式过于强调惩罚和纠正，而忽视了激励和支持。教职工和学生被视为需要严格管理的对象，而不是被视为具有主动性和创造性的个体。这种管理方式缺乏对教职工和学生内在动机的关注，无法激发他们的积极性和创造力。

其次，传统管理方式缺乏对学校整体发展的长远规划和战略思考。学校管理往往只关注当前的问题和需求，而忽视了未来的发展趋势和竞争环境。这种管理方式可能导致学校在未来的发展中失去竞争力，无法适应社会的变化和需求。

因此，初中学校管理需要从传统的管理阶段向更先进、更人性化的家校合作模式转变。家校合作模式强调对教职工和学生的尊重和支持，激发他们的内在动机和创造力。同时，家校合作模式还要求学校具备长远规划和战略思考的能力，以适应未来的发展趋势和竞争环境。通过加强家校沟通与理解，可以减少误解和冲突，共同为学生的成长创造良好的环境。同时，家校合作模式还可以促进学校与社区之间的互动和协作，加强学校与社会的联系和沟通。这种合作方式有助于优化教育资源的配置，实现教育资源的共享和最大化利用。

（二）科学管理阶段

随着时代的不断发展和社会的持续进步，初中学校管理逐渐从传统的管理阶段向科学管理阶段转变。科学管理强调对学校各项工作的定量分析和规范化管理，通过制订明确的目标、计划和标准，实现对学校各项工作的科学评估和考核。

在科学管理阶段，初中学校注重对数据的分析，通过数据来反映学校的发展状况和学生的学习情况。这种管理方式有利于提高学校的管理效率和管理水平，使学校能够更加精准地制定管理策略和教学方案。同时，科学管理也有助于提高学校各项工作的规范化和标准化程度，使学校各项工作能够更加有序地进行。

然而，科学管理方式也存在一些问题。首先，过于强调数字化考核和标准化的管理方式，可能会忽视教职工和学生的个性化需求和服务。在科学管理的框架下，教职工和学生的个性化和特色化需求往往被忽视，因为他们不符合学校设定的标准和计划。这种管理方式可能会压抑教职工和学生的积极性和创造性，导致他们失去对工作的热情和对学习的兴趣。

其次，科学管理方式也存在着一些执行上的困难。虽然科学管理理论上能够提高学校的管理效率和水平，但在实际操作中，往往存在着数据不准确、标准不合理等问题。这些问题可能会影响科学管理的有效性和可信度，使科学管理方式失去其应有的作用。

因此，初中学校管理需要在科学管理的基础上，进一步引入人性化管理的理念和方法。人性化管理和科学管理并不是相互排斥的，而是可以相互补充的。通过引入人性化管理，初中学校可以更好地关注教职工和学生的个性化需求和服务，激发他们的积极性和创造性。同时，人性化管理也有助于提高学校各项工作的规范化和标准化程度，使学校能够更好地实现科学管理。

在人性化管理中，初中学校需要更多地关注教职工和学生的情感需求和心理状态。通过与教职工和学生进行沟通和交流，了解他们的想法和需求，可以为他们提供更加贴心和个性化的服务。同时，人性化管理也强调对教职工和学生的激励和支持，通过给予他们更多的自主权和参与权，激发他们的内在动机和创造力。

（三）人本管理阶段

人本管理是一种以人的需求和发展为本的管理方式，它把人视为管理的重要因素，强调人的主体性、自主性和创造性。在初中学校管理中，人本管理是一种全新的管理理念，它强调对教职工和学生的尊重、关心和支持，关注他们的需求和发展，通过建立良好的人际关系和合作机制，促进学校的和谐稳定和持续发展。

人本管理认为，教职工和学生是学校最重要的资源，他们的工作和学习成果是学校发展的关键。因此，人本管理注重对教职工和学生需求的了解和满足，关注他们的个人发展和职业成长。同时，人本管理也注重对学校的整体发展和长远规划的考虑，通过制订明确的目标和计划，实现学校的可持续发展。

在实施人本管理的过程中，初中学校需要采取一系列措施来落实这种管理理念。首先，学校需要建立良好的沟通机制和反馈机制，加强与教职工和学生的交流和互动，了解他们的想法和需求，及时解决他们的问题和困难。其次，学校需要建立公正、公平的激励机制和评价机制，为教职工和学生提供良好的发展机会和平台，激发他们的积极性和创造性。此外，学校还需要注重校园文化建设，营造良好的工作和学习氛围，提高教职工和学生的归属感和认同感。

通过实施人本管理，初中学校可以更好地满足教职工和学生的需求和发展，提高他们的满意度和工作效率，促进学校的和谐稳定和持续发展。同时，人本管理也有助于提高学校的整体竞争力和社会声誉，为学校的发展注入新的动力和活力。

总之，人本管理是一种先进的管理理念，它强调对人的尊重、关心和支持，关注人的需求和发展，通过建立良好的人际关系和合作机制，促进组织的和谐稳定和持续发展。在初中学校管理中，实施人本管理可以更好地满足教职工和学生的需求和发展，提高学校的管理效率和管理水平，为学校的发展注入新的动力和活力。

（四）数字化管理阶段

随着信息技术的飞速发展和广泛应用，初中学校管理逐渐进入了数字化管理阶段。数字化管理利用先进的信息技术手段，如云计算、大数据、人工智能等，对学校各项事务进行高效、精准、智能的管理和服务。

数字化管理不仅改变了传统的管理模式和方式，还为学校带来了诸多实际效益。首先，数字化管理能够提高学校的管理效率和服务质量。通过数字化平台和数据库的建立，学校可以实现对教职工、学生、财务、物资等各方面的精细化管理，减少人为干预和失误，提高各项工作的准确性和及时性。同时，数字化管理也使得学校能够更好地满足学生和家长的需求，提高社会满意度和学校竞争力。

其次，数字化管理能够提高学校的决策水平和办学水平。通过大数据分析和人工智能技术的应用，学校可以对各项数据进行分析和挖掘，为学校管理层提供更加全面、准确、及时的信息和建议，帮助其作出更加科学、合理的决策。同时，数字化管理也使得学校能够更加了解和掌握自身的办学状况和不足之处，及时调整办学方向和策略，提高学校的办学水平和竞争力。

为了实现数字化管理的有效性和安全性，初中学校需要做好几个方面的工作。首先，学校需要加强对信息技术的建设和应用，不断提高自身的信息技术水平和管理能力。这包括对教职工进行信息技术培训，提高其数字化管理意识和能力；建立完善的数字化管理平台和数据库，实现各项数据的整合和分析；加强网络安全和维护工作，保障学校各项数据的安全性和稳定性。

其次，学校需要加强对数据的安全和维护工作。数字化管理的核心是数据，数据的安全性和可靠性对于学校的管理和服务至关重要。学校需要建立完善的数据安全管理制度和措施，保证数据的保密性、完整性和可用性；同时，也需要加强对数据的维护工作，及时进行数据备份和恢复工作，保证数据的可靠性和稳定性。

最后，学校需要建立完善的管理机制和服务体系。数字化管理需要建立完善的管理机制和服务体系来保证其有效性和可持续性。这包括建立数字化管理的规章制度和操作流程；建立数字化服务的标准和规范；加强对教职工和学生服务的监督和管理；及时反馈和处理各种问题和投诉等。

总之，数字化管理是初中学校管理的必然趋势和发展方向。通过加强信息技术的建设和应用、建立完善的管理机制和服务体系、加强对数据的安全和维护工作等措施的实施，可以进一步提高学校的数字化管理水平和服务质量，为学校的可持续发展注入新的动力和活力。

（五）协同化管理阶段

随着信息技术的飞速发展和广泛应用，初中学校管理逐渐进入了数字化管理阶段。数字化管理利用先进的信息技术手段，如云计算、大数据、人工智能等，对学校各项事务进行高效、精准、智能的管理和服务。

数字化管理不仅改变了传统的管理模式和方式，还为学校带来了诸多实际效益。首先，数字化管理能够提高学校的管理效率和服务质量。通过数字化平台和数据库的建立，学校可以实现对教职工、学生、财务、物资等各方面的精细化管理，减少人为干预和失误，提高各项工作的准确性和及时性。同时，数字化管理也使得学校能够更好地满足学生和家长的需求，提高社会满意度和学校竞争力。

其次，数字化管理能够提高学校的决策水平和办学水平。通过大数据分析和人工智能技术的应用，学校可以对各项数据进行分析和挖掘，为学校管理层提供更加全面、准确、及时的信息和建议，帮助其作出更加科学、合理的决策。同时，数字化管理也使得学校能够更加了解和掌握自身的办学状况和不足之处，及时调整办学方向和策略，提高学校的办学水平和竞争力。

为了实现数字化管理的有效性和安全性，初中学校需要做好几个方面的工作。首先，学校需要加强对信息技术的建设和应用，不断提高自身的信息技术水平和管理能力。这包括对教职工进行信息技术培训，提高其数字化管理意识和能力；建立完善的数字化管理平台和数据库，实现各项数据的整合和分析；加强网络安全和维护工作，保障学校各项数据的安全性和稳定性。

其次，学校需要加强对数据的安全和维护工作。数字化管理的核心是数据，数据的安全性和可靠性对于学校的管理和服务至关重要。学校需要建立完善的数据安全管理制度和措施，保证数据的保密性、完整性和可用性；同时，也需要加强对数据的维护工作，及时进行数据备份和恢复工作，保证数据的可靠性和稳定性。

最后，学校需要建立完善的管理机制和服务体系。数字化管理需要建立完善的管理机制和服务体系来保证其有效性和可持续性。这包括建立数字化管理的规章制度和操作流程；建立数字化服务的标准和规范；加强对教职工和学生服务的监督和管理；及时反馈和处理各种问题和投诉等。

总之，数字化管理是初中学校管理的必然趋势和发展方向。通过加强信息技术的建设和应用、建立完善的管理机制和服务体系、加强对数据的安全和维护工作等措施的实施，可以进一步提高学校的数字化管理水平和服务质量，为学校的可持续发展注入新的动力和活力。

## 二、发展趋势

初中学校管理的发展趋势是多元化、复杂化和精细化的。随着社会的发展和教育的变革，初中学校管理面临着越来越多的挑战和机遇，管理理念、制度、方法手段等也不断地进行调整和创新，以适应时代和社会的发展需求。

（一）多元化管理

多元化管理是指在管理理念、管理制度、管理方法等方面实现多元化，以适应不同学生、教职工和外部环境的需求。初中学校管理的多元化趋势表现在以下几个方面。

1.管理理念的多元化。初中学校管理不再仅仅注重控制和规范，而是逐渐转向人本管理、服务型管理等多元化理念。这些理念强调尊重教职工和学生的需求和发展，关注他们的个性和创造力，为他们的成长和发展提供更好的支持和服务。

2.管理制度的多元化。初中学校管理制度逐渐从单一的制度体系转向多元化的制度体系，包括人事制度、教学制度、科研制度、学生管理制度等方面的多元化。这些制度相互衔接、相互协调，形成一套完整的制度体系，为学校的各项管理工作提供更好的制度保障。

3.管理方法的多元化。初中学校管理方法不再仅仅采用传统的命令和控制手段，而是逐渐转向多元化的管理方法，包括激励、沟通、团队建设、文化建设等方面的多元化。这些方法相互补充、相互协调，形成一套完整的管理方法体系，为学校的各项管理工作提供更好的方法支持。

（二）复杂化管理

复杂化管理是指初中学校管理面对复杂多变的内外部环境，需要具备应对各种复杂情况的能力。初中学校管理的复杂化趋势表现在以下几个方面。

1.内部环境的复杂化。初中学校内部环境逐渐变得复杂化，包括教职工队伍、学生群体、教学科研等方面的不确定性。这些不确定性需要学校具备更强的组织协调能力、团队建设和人员管理能力，以应对各种复杂情况。

2.外部环境的复杂化。初中学校外部环境逐渐变得复杂化，包括社会环境、政策环境、市场竞争等方面的不确定性。这些不确定性需要学校具备更强的市场调研和预测能力、公共关系管理能力，以应对各种复杂情况。

3.管理决策的复杂化。初中学校管理决策逐渐变得复杂化，需要面对更多的不确定性和风险。在这种情况下，学校需要建立更加科学合理的决策机制和决策程序，加强风险管理和控制等方面的能力，以保障决策的科学性和可行性。

（三）精细化管理

精细化管理是指初中学校管理注重细节和过程，追求精益求精的管理效果。初中学校管理的精细化趋势表现在以下几个方面。

1.计划和控制的精细化。初中学校在制订计划和控制过程中注重细节和过程，对每个环节都进行精细化的管理和控制。通过建立完善的计划和控制体系，保障学校的各项计划和控制在实施过程中能够落实到位，达到预期的效果。

2.人员管理的精细化。初中学校在人员管理方面注重细节和过程，对每个教职工都进行精细化的管理和考核。通过建立完善的人员管理制度和考核机制，保障学校的教职工队伍能够高效运转，提高工作效率和质量。

3.服务和支持的精细化。初中学校在服务和支持方面注重细节和过程，对每个学生都进行精细化的关怀和支持。通过建立完善的服务和支持体系，保障学生能够在学校中得到更好的教育和成长环境，提高学校的整体办学水平和服务质量。

# 第三节　初中学校管理的现状与挑战

## 一、现状

初中学校管理是学校发展的重要组成部分，对于提高教育质量、培养高素质人才具有至关重要的作用。然而，当前初中学校管理面临着诸多挑战和问题，需要引起关注和改进。

（一）管理理念落后

当前，一些初中学校的管理理念相对落后，缺乏时代性和前瞻性。在管理中过于强调规范和统一，忽视了学生的个性差异和创新能力，导致学生缺乏独立思考和创新能力。同时，一些学校也缺乏对教职工的人本化管理，缺乏激励机制和职业发展机会，导致教职工的工作积极性和创造性不高。

（二）管理制度不健全

初中学校管理制度存在一些不健全之处，主要表现在以下方面。

1.人事制度不健全。一些学校的人事制度缺乏科学合理的考核和评价机制，导致教职工的晋升和奖励缺乏公正性和激励性。同时，一些学校也缺乏对教职工的培训和发展机会，导致教职工的职业发展受到限制。

2.教学管理制度不健全。一些学校的教学管理制度过于强调应试教育，忽视了学生综合素质的培养和创新能力的提高。同时，一些学校也缺乏对教学的监督和评估机制，导致教学质量难以得到保障。

3.学生管理制度不健全。一些学校的学生管理制度缺乏科学合理的评价和激励机制，导致学生的个性差异和创新能力得不到充分发挥。同时，一些学校也缺乏对学生的心理健康和思想教育的关注，导致学生出现心理问题和思想困惑。

（三）管理方法不当

初中学校管理方法存在一些不当之处，主要表现在几个方面。

1.命令式管理。一些学校的管理方法过于强调命令和控制，导致教职工和学生缺乏自主性和创造性。同时，一些学校也缺乏与教职工和学生的沟通与协商机制，导致管理效果不佳。

2.片面追求升学率。一些学校为了追求升学率，过于强调应试教育，忽视了学生综合素质的培养和创新能力的提高。这种管理方法不仅会损害学生的身心健康和全面发展，也会影响学校的整体办学水平和声誉。

3.管理手段单一。一些学校的管理手段相对单一，缺乏多样性和灵活性，导致管理效果不佳。同时，一些学校也缺乏对现代信息技术手段的运用和管理，导致管理效率低下。

（四）管理环境不良

初中学校管理环境存在一些不良之处，主要表现在以下几个方面。

1.内部环境不良。一些学校的内部环境缺乏和谐稳定的气氛，导致教职工和学生缺乏安全感和发展机会。同时，一些学校也缺乏对校园文化建设和管理的高度重视，导致校园文化氛围不够浓厚。

2.外部环境不良。一些学校的外部环境缺乏良好的社会环境和政策支持，导致学校的发展受到限制。同时，一些学校也缺乏与家长和社会的沟通和合作机制，导致家长和社会对学校的支持和信任度不高。

## 二、挑战

初中学校管理面临着诸多挑战，这些挑战主要来自以下方面。

（一）学生个性化需求的增长

随着社会的进步和家庭结构的变化，学生的个性化需求逐渐增长，这给初中学校管理带来了很大的挑战。不同的学生有着不同的兴趣、特长和学习能力，这使得传统的管理模式和教学方式难以满足学生的需求，也给学校的管理带来了很大的困难。

为了满足学生的个性化需求，初中学校需要采取一系列措施。

首先，学校需要建立个性化的学生档案，记录学生的兴趣、特长、学习能力和家庭背景等信息，以便更好地了解学生的需求和特点。

其次，学校需要提供多样化的课程和教学方式，以满足不同类型学生的需求。例如，对于喜欢动手实践的学生，可以提供实验课程和实践基地；对于喜欢文学艺术的学生，可以提供更多的文学和艺术类课程；对于学习能力较差的学生，可以提供更多的辅导和帮助。

再次，学校还需要加强对学生的关注和关爱。教师需要关注每个学生的表现和心理状态，及时发现和解决学生的问题。同时，学校还可以组织各种形式的活动，如文艺比赛、科技竞赛、社会实践等，以增强学生的归属感和自信心。

最后，学校需要加强对教学质量的监控和评估。教师需要定期对教学质量进行评估和反馈，及时调整教学策略和方法，以提高学生的学习效果。同时，学校也需要接受社会和家长的监督和评估，及时改进管理方式和教学质量，以满足社会的需求和家长的期望。

总之，满足学生的个性化需求是初中学校管理的重要任务之一。通过建立个性化的学生档案、提供多样化的课程和教学方式、加强对学生的关注和关爱、加强对教学质量的监控和评估等措施的实施，可以更好地满足学生的个性化需求，提高学校的管理水平和教学质量。

（二）教师职业素养的要求

教师是学校教育的重要力量，他们的职业素养直接影响到学校的教育质量和学生的发展。然而，当前一些初中学校中，教师职业素养存在着一些问题，如教学能力不足、教育理念落后、缺乏职业精神等，这些问题制约了学校教育的发展和学生的成长。

为了提高教师的职业素养，建立一支高素质的教师队伍，初中学校需要采取一系列措施。

首先，学校需要加强对教师的培训和进修，提高教师的教学水平和教育理念。可以通过邀请专家学者举办讲座、组织教师参加各种教育培训、开展校际交流等方式，帮助教师更新教育理念、掌握先进的教学方法。

其次，学校需要加强对教师的职业道德教育，培养教师的职业精神和服务意识。可以通过开展师德师风教育活动、组织教师签署职业道德承诺书、评选优秀教师等方式，引导教师树立正确的职业观念，增强教师的责任感和使命感。

再次，学校还需要建立完善的评价机制，对教师的教学水平和职业道德进行综合评价。评价机制应该包括教师的工作态度、教学成绩、学生评价等多个方面，以便全面了解教师的教学情况和职业素养。同时，学校还需要建立相应的奖惩机制，对表现优秀的教师进行表彰和奖励，对表现不佳的教师进行批评和整改。

最后，学校需要为教师提供良好的工作环境和条件，提高教师的工作积极性和满意度。可以通过加强教学设施建设、提高教师待遇、加强师生沟通等方式，为教师提供更好的工作环境和条件，让教师能够更好地发挥自己的才能和潜力。

　　总之，提高教师的职业素养是初中学校管理的又一重要任务。通过加强对教师的培训和进修、职业道德教育、评价机制建设、工作环境和条件改善等措施的实施，可以建立一支高素质的教师队伍，提高学校的教育质量和学生的发展水平。

　　（三）教育改革的要求

　　随着教育改革的深入推进，对初中学校管理提出了更高的要求。新课程改革提倡素质教育，注重学生的综合素质和创新能力的培养。同时，教育评价制度也发生了变化，更加注重过程评价和学生自评，这给学校管理带来了很大的挑战。如何适应教育改革的要求，调整学校管理策略和方法，提高学校的整体办学水平，是初中学校管理面临的又一重要问题。

　　（四）社会对学校的要求

　　随着社会的发展，社会对学校的要求也越来越高。家长对学校的教育质量、安全卫生、教学质量等方面提出了更高的要求。同时，社会也需要学校承担更多的社会责任，如关注学生的心理健康、提供更多的课外活动等。如何满足社会对学校的要求，提高学校的服务质量和水平，是初中学校管理面临的又一重要问题。

　　（五）教育信息化的挑战

　　信息技术的快速发展，令教育信息化成了教育发展的必然趋势。信息化技术的应用可以优化学校的管理流程，提高管理效率，但同时也给学校信息安全带来了挑战。如何合理使用信息化技术，保障学校信息安全，提高学校管理效率和服务质量，是初中学校管理亟待解决的问题。

　　（六）校园安全问题的挑战

　　校园安全问题一直是初中学校管理的重点之一。学生的安全和健康是学校教育的首要任务，也是家长和社会对学校的期望。然而，当前校园安全问题仍然存在一些问题，如校园欺凌、网络安全、食品安全等。

# 第二章　家校合作模式的基本理念与价值

## 第一节　家校合作模式的定义与内涵

### 一、家校合作模式的定义

家校合作模式是指学校与家庭在教育过程中相互合作，共同参与孩子的成长和发展的一种教育模式。该模式强调家庭与学校之间的密切配合，以实现孩子的全面发展和提高教育质量为目的。

（一）家校合作模式的意义

1.有利于提高教育质量

家庭和学校是孩子成长最重要的两个场所。只有家庭和学校密切配合，才能更好地促进孩子的成长和发展。家校合作模式能够使学校和家庭的教育资源得到更好的整合和利用，提高教育质量和效果。

2.有利于培养孩子的综合素质

家校合作模式下，学校和家庭共同关注孩子的成长，能够更好地发掘孩子的潜力和特长，培养孩子的综合素质。同时，家校合作也能够促进孩子与家长之间的沟通和互动，增强家庭关系和亲子关系。

3.有利于提高家长的教育素质

家校合作模式下，家长会更加关注孩子的教育问题，并参与到孩子的成长过程中来。通过与学校的合作，家长可以更好地了解孩子的需求和特点，提高自身的教育素质和教育能力。

（二）家校合作模式的类型

1.家长委员会

家长委员会是家校合作模式下的一种重要组织形式。它由家长代表组成，定期召开会议，讨论孩子在学校的各项事务，并参与到学校的决策和管理中来。

2.家长会

家长会是家校合作模式下的一种基本形式。它定期召开，由班主任或任课教师向家长汇报孩子在校的学习和生活情况，同时也会邀请家长发表意见和建议。

3.家长学校

家长学校是家校合作模式下的一种特殊形式。它通过开展各种形式的培训和讲座，帮助家长更好地了解孩子的成长需求和特点，提高自身的教育素质和教育能力。

4.家长志愿者

家长志愿者是家校合作模式下的一种有效形式。它通过招募家长的自愿参与，为学校提供各种形式的支持和帮助，促进学校与家庭之间的沟通和互动。

（三）家校合作模式的实施策略

1.建立有效的沟通机制

家校合作模式下，建立有效的沟通机制是至关重要的。学校应该建立定期的家长会、座谈会、电话访问等制度，及时了解家长的意见和建议，同时也要向家长传达学校的政策和措施。同时，学校也应该鼓励家长主动与学校联系，及时了解孩子在学校的表现和学习情况。

2.加强家庭教育的指导

家校合作模式下，家庭教育指导是必不可少的。学校应该通过家长学校、讲座等形式，向家长传授正确的教育理念和方法，帮助家长更好地了解孩子的成长需求和特点，提高自身的教育素质和教育能力。同时，学校也应该鼓励家长积极参与孩子的家庭教育过程，加强亲子沟通和互动。

3.整合教育资源

家校合作模式下，整合教育资源是至关重要的。学校应该积极发掘和利用各种社会资源，如文化馆、科技馆、博物馆等，开展各种形式的社会实践活动和文化活动，丰富孩子的课余生活，促进孩子的全面发展。同时，学校也应该鼓励家长积极参与孩子的社会实践活动和文化活动，加强家庭与学校之间的联系和互动。

4.建立评价机制

家校合作模式下，建立评价机制是必不可少的。评价机制应该包括对学校、教师、家长等各方面。评价内容和方法应该科学合理可操作，评价结果应该及时向有关方面反馈并作为改进工作的依据。只有通过科学的评价机制，才能够不断地改进和提高家校合作工作的质量和水平。

## 二、家校合作模式的主要特点

家校合作模式的主要特点可以从九个方面来阐述。

（一）强调家庭与学校的合作关系

家校合作模式强调家庭与学校之间的合作关系，即家庭和学校共同参与到孩子的教育过程中来。这种模式认为家庭和学校都在孩子的教育过程中扮演着重要的角色；只有家庭和学校密切配合，才能更好地促进孩子的成长和发展。

（二）关注孩子的全面发展和教育质量

家校合作模式以实现孩子的全面发展和提高教育质量为目的。这种模式下，家庭和学校都会关注孩子的各个方面，包括学习、生活、品德、情感等方面。同时，家校合作也会促进学校不断地改进和提高教育质量，以满足孩子全面发展的需求。

（三）多元化的合作形式和内容

家校合作模式具有多元化的合作形式和内容。这种模式下，家长可以参与到学校的教育过程中来，如成为家长志愿者、参加家长会、参加学校活动等。同时，学校也会开展各种形式的家庭教育指导，帮助家长提高自身的教育素质和教育能力。此外，学校还会与社区、企事业单位等合作，共同开展各种形式的社会实践活动和文化活动，丰富孩子的课余生活，促进孩子的全面发展。

（四）注重沟通和互动

家校合作模式注重家庭和学校之间的沟通和互动。这种模式下，家庭和学校会及时沟通孩子的各方面情况，包括学习、生活、情感等方面。同时，家庭和学校也会相互配合，共同解决问题和促进孩子的成长。此外，家校合作还会促进家庭和学校之间的情感交流和信任，增强家庭和学校之间的合作关系。

（五）具有灵活性和可持续性

家校合作模式具有灵活性和可持续性。这种模式下，家庭和学校可以根据实际情况灵活选择合作形式和内容。同时，家校合作也会不断地改进和提高教育质量和满足孩子全面发展的需求。此外，家校合作还会促进家庭和学校之间的长期合作关系，为孩子的成长和发展提供更好的支持和帮助。

（六）关注学生的个体差异

家校合作模式关注学生的个体差异。每个学生都是独特的个体，具有不同的特点和需求。家校合作模式下，家庭和学校会关注每个学生的个体差异，并根据学生的特点和需求进行因材施教。同时，家庭和学校还会相互配合，共同发掘学生的潜力和特长，促进学生的个性化发展。

（七）强调教师的专业性和主导作用

家校合作模式强调教师的专业性和主导作用。教师是教育过程中的重要力量，对学生的成长和发展起着至关重要的作用。在家庭和学校的合作过程中，教师应该发挥主导作用，引导家长正确地参与到孩子的教育过程中来。同时，教师还应该不断提高自身的专业素养和教育能力，以满足孩子全面发展的需求和提高教育质量。

（八）注重家庭教育指导

家校合作模式注重家庭教育指导。家庭教育是孩子成长的重要组成部分，对孩子的品德、情感等方面的发展起着至关重要的作用。在家庭和学校的合作过程中，学校应该向家长传授正确的教育理念和方法，帮助家长提高自身的教育素质和教育能力。同时，学校还应该鼓励家长积极参与孩子的家庭教育过程，加强亲子沟通和互动。

（九）强调评价和反思

家校合作模式强调评价和反思。评价是改进和提高教育质量的重要手段之一。在家庭和学校的合作过程中，应该建立科学的评价机制以对家校合作工作的质量和水平进行评价和反思。评价结果应该及时向有关方面反馈并作为改进工作的依据。只有通过科学的评价机制的评估才能够不断地改进和提高家校合作工作的质量和水平，从而更好地促进孩子的成长和发展。

## 三、家校合作模式的内涵

家校合作模式是一种以家庭和学校为主要合作对象,通过共同参与和协作,促进孩子全面发展和提升教育质量的教育模式。

（一）以家庭和学校为合作对象

家校合作模式以家庭和学校为主要的合作对象,旨在促进家庭和学校之间的密切配合和协作。家庭和学校在孩子的教育过程中各自扮演着重要的角色,只有家庭和学校相互配合,才能够更好地促进孩子的成长和发展。

（二）强调家庭和学校的共同责任

家校合作模式强调家庭和学校在孩子的教育过程中共同承担责任。家庭和学校应该相互协作,共同参与到孩子的教育过程中来。家庭应该关注孩子的学业成绩、生活状态、情感变化等方面,同时学校也应该对孩子的教育过程进行全面的管理和指导。家庭和学校的共同责任不仅体现在对孩子的教育过程中,还应该体现在对孩子的成长环境的营造和创造上。

（三）注重孩子的全面发展和提升教育质量

家校合作模式注重孩子的全面发展和提升教育质量。家庭和学校应该关注孩子的各个方面,包括学习、生活、品德、情感等方面。同时,家校合作也会促进学校不断地改进和提高教育质量,以满足孩子全面发展的需求。通过家校合作,可以更好地发掘每个孩子的潜力和特长,促进其个性化发展。

（四）多元化的合作形式和内容

家校合作模式具有多元化的合作形式和内容。家庭和学校可以通过各种形式进行合作,如家长会、学校开放日、家庭教育讲座等。同时,家庭和学校还可以通过各种方式进行沟通和互动,如电话、短信、网络等。多元化的合作形式和内容可以满足不同的需求和情况,促进家庭和学校之间的密切配合和协作。

（五）注重沟通和互动的双向性

家校合作模式注重家庭和学校之间的沟通和互动的双向性。家庭和学校应该及时沟通孩子的各方面情况,包括学习、生活、情感等方面。同时,家庭和学校也应该相互配合,共同解决问题和促进孩子的成长。此外,家校合作还会促进家庭和学校之间的情感交流和信任,增强家庭和学校之间的合作关系。

（六）具有灵活性和可持续性

家校合作模式具有灵活性和可持续性。这种模式下，家庭和学校可以根据实际情况灵活选择合作形式和内容。同时，家校合作也会不断地改进和提高教育质量和满足孩子全面发展的需求。此外，家校合作还会促进家庭和学校之间的长期合作关系，为孩子的成长和发展提供更好的支持和帮助。

（七）关注学生的个体差异性和多样性

家校合作模式关注学生的个体差异性和多样性。每个学生都是独特的个体，具有不同的特点和需求。家校合作模式下，家庭和学校会关注每个学生的个体差异性和多样性，并根据学生的特点和需求进行因材施教。同时，家庭和学校还会相互配合，共同发掘学生的潜力和特长，促进学生的个性化发展。

（八）强调教师的专业性和主导作用

家校合作模式强调教师的专业性和主导作用。教师是教育过程中的重要力量，对学生的成长和发展起着至关重要的作用。在家庭和学校的合作过程中，教师应该发挥主导作用，引导家长正确地参与到孩子的教育过程中来。同时，教师还应该不断提高自身的专业素养和教育能力，以满足孩子全面发展的需求和提高教育质量。

（九）注重家庭教育指导的针对性和实效性

家校合作模式注重家庭教育指导的针对性和实效性。家庭教育是孩子成长的重要组成部分，对孩子的品德、情感等方面的发展起着至关重要的作用。在家庭和学校的合作过程中，学校应该向家长传授正确的教育理念和方法，针对不同家庭的情况进行具体的指导，帮助家长提高自身的教育素质和教育能力。同时，鼓励家长积极参与孩子的家庭教育过程，加强亲子沟通和互动。只有将家庭教育指导的针对性和实效性与多元化的家庭教育形式结合起来，才能够更好地促进孩子的成长和发展。

# 第二节　家校合作模式的核心价值观

## 一、尊重和信任

（一）尊重

尊重是家校合作模式的核心价值观之一。尊重包括以下方面。

1.尊重每个家庭和孩子的独特性。每个家庭和孩子都有自己的背景、经历、特点和文化，这些差异应该得到尊重和理解。

2.尊重每个家庭和孩子的意见和观点。在合作过程中，家庭和学校应该充分交流和协商，尊重彼此的意见和观点，以达成共识。

3.尊重每个家庭和孩子的教育需求和教育选择。家庭和学校应该共同探讨孩子的教育需求和教育选择，并尊重彼此的意见，以制订合适的教育计划和教育方式。

尊重不仅是一种态度，更是一种行为。在家庭和学校的合作过程中，我们应该用尊重的态度去倾听、理解、接纳和欣赏每个家庭和孩子的独特性、意见和观点以及教育需求和教育选择。只有通过尊重，才能够建立起互信、平等和合作的基石。

（二）信任

信任是家校合作模式的另一个核心价值观。信任包括以下方面。

1.信任每个家庭和孩子的自我管理和自我发展能力。家庭和学校应该相信孩子有自我管理和自我发展的能力，并给予他们充分的支持和指导，以促进其自主性和创造性。

2.信任每个家庭和孩子的判断力和决策能力。在合作过程中，家庭和学校应该相信彼此的判断力和决策能力，并相互协作和支持，以达成共同的目标。

3.信任每个家庭和孩子的情感表达和沟通方式。家庭和学校应该相信彼此的情感表达和沟通方式，并给予充分的关注和支持，以促进情感交流和理解。

信任不仅是一种态度，更是一种行为。在家庭和学校的合作过程中，我们应该用信任的态度去支持、鼓励、信任和理解每个家庭和孩子。只有通过信任，才能够建立起互信、平等和合作的基石。同时，信任也是家校合作模式中最为重要的因素之一。只有当家庭和学校相互信任时，才能够更好地开展合作工作，促进孩子的全面发展和提升教育质量。

## 二、责任共担

（一）责任共担的含义

家校合作是一种教育模式，强调家庭和学校在教育孩子方面的共同责任。责任共担是家校合作模式的核心价值观之一，它意味着家庭和学校在教育过程中共同承担责任，共同参与孩子的成长过程，共同提供支持和帮助，以促进孩子的全面发展和成长。

责任共担不仅包括对孩子的教育责任，还包括对孩子的品德、情感和心理等方面的关注和支持。家庭和学校应该相互协作、相互配合，共同承担起教育孩子的责任，帮助孩子树立正确的世界观、人生观和价值观。

（二）责任共担的重要性

1.提高教育质量

责任共担有助于提高教育质量。家庭和学校的合作能够更好地了解孩子的需求和特点，更好地制订个性化的教育计划和教育方式，从而更好地促进孩子的全面发展。同时，家庭和学校的合作还能够更好地监督和管理孩子的教育过程，及时发现和解决问题，提高教育效果。

2.增强家庭和学校的联系和沟通

责任共担有助于增强家庭和学校的联系和沟通。家庭和学校之间的密切联系和沟通有助于建立起相互信任、相互尊重和相互支持的关系，从而更好地促进孩子的成长和发展。同时，家庭和学校的合作还能够更好地了解彼此的需求和期望，更好地协调和配合彼此的工作。

3.促进孩子健康成长

责任共担有助于促进孩子的健康成长。家庭和学校的合作能够为孩子提供更加全面、更加个性化的支持和帮助，从而更好地促进孩子的成长和发展。同时，家庭和学校的合作还能够为孩子树立正确的世界观、人生观和价值观，帮助孩子树立自信心、自尊心和责任感。

（三）实现责任共担的措施

1.制定明确的责任分工

家庭和学校应该制定明确的责任分工，明确各自的角色和职责。家庭应该注重孩子的品德、情感和心理等方面的培养，学校应该注重孩子的知识、技能和思维能力等方面的培养。同时，家庭和学校应该共同参与孩子的教育计划和教育方式的设计和实施。

2.加强沟通和协调

家庭和学校应该加强沟通和协调，建立起密切的联系和合作关系。双方应该定期交流和协商，了解彼此的需求和期望，协调彼此的工作，共同解决孩子教育中出现的问题。同时，双方还应该注重彼此的情感表达和沟通方式，以建立良好的沟通和合作氛围。

3.提供支持和帮助

家庭和学校应该提供支持和帮助，共同促进孩子的成长和发展。双方应该共同制订个性化的教育计划和教育方式，提供全面的支持和帮助。同时，双方还应该注重孩子的情感表达和心理需求，提供必要的情感支持和心理辅导。

4.建立评价机制

家庭和学校应该建立评价机制，共同评价孩子的教育成果和教育质量。评价机制应该注重全面性和个性化，包括知识、技能、品德、情感和心理等方面。同时，评价机制还应该注重过程评价和结果评价的结合，及时发现和解决问题，不断改进和提高教育质量。

总之，责任共担是家校合作模式的核心价值观之一，它有助于提高教育质量、增强家庭和学校的联系和沟通、促进孩子健康成长。为了实现责任共担，家庭和学校应该在制定明确的责任分工、加强沟通和协调、提供支持和帮助以及建立评价机制等方面进行努力。只有当家庭和学校共同承担起教育孩子的责任时，才能够更好地促进孩子的全面发展和成长。

## 三、共同成长

（一）共同成长的含义

家校合作是一种教育模式，强调家庭和学校在教育孩子方面的共同责任。共同成长是家校合作模式的核心价值观之一，它意味着家庭和学校在教育过程中相互促进、相互提高，共同实现孩子的全面发展。

共同成长不仅包括孩子的成长，还包括家长的成长和教师的成长。家庭和学校应该相互学习、相互支持，共同提高教育孩子的水平和能力，实现共同进步。

（二）共同成长的重要性

1.提高教育质量

共同成长有助于提高教育质量。家长和教师是孩子成长过程中的重要引导者，他们的教育水平和能力直接影响到孩子的成长和发展。通过家校合作，家长和教师能够相互学习和交流，分享经验和资源，提高自身的教育水平和能力，从而更好地促进孩子的全面发展。

2.增强家庭和学校的联系和沟通

共同成长有助于增强家庭和学校的联系和沟通。家长和教师是孩子成长过程中的重要合作伙伴，他们之间的密切联系和沟通有助于更好地了解孩子的需求和特点，更好地制订个性化的教育计划和教育方式，从而更好地促进孩子的成长和发展。

3.促进孩子健康成长

共同成长有助于促进孩子的健康成长。通过家校合作，家长和教师能够更好地了解孩子的需求和期望，更好地协调和配合彼此的工作，为孩子提供更加全面、更加个性化的支持和帮助，从而促进孩子的健康成长。同时，家长和教师的共同成长还能够为孩子树立榜样和示范，帮助孩子树立正确的世界观、人生观和价值观。

（三）实现共同成长的措施

1.建立平等的合作关系

家校合作的基础是平等的合作关系。家长和教师应该建立平等的合作关系，相互尊重、相互信任、相互支持。家长应该尊重教师的专业知识和经验，教师也应该尊重家长的教育经验和观点。双方应该在平等的基础上进行合作，共同促进孩子的成长和发展。

2.加强沟通和交流

加强沟通和交流是实现共同成长的关键。家长和教师应该定期进行沟通和交流，了解彼此的需求和期望，分享经验和资源，共同探讨孩子的教育问题。通过沟通和交流，双方可以相互学习和支持，提高自身的教育水平和能力，实现共同进步。

3.提供支持和帮助

家长和教师应该提供支持和帮助，共同促进孩子的成长和发展。家长应该为孩子提供家庭教育的支持和帮助，如陪伴孩子成长、关注孩子的情感需求、提供良好的家庭环境等。教师应该为孩子提供学校教育的支持和帮助，如制订个性化的教育计划、提供丰富的学习资源、关注孩子的情感需求等。同时，双方还应该相互支持和帮助，共同解决孩子教育中出现的问题。

4.开展反思和总结

反思和总结是实现共同成长的重要途径。家长和教师应该经常开展反思和总结，回顾家校合作的成果和不足之处，总结经验教训，为今后的合作提供参考。通过反思和总结，双方可以发现自身的不足之处，提高自身的教育水平和能力，实现共同进步。

总之，共同成长是家校合作模式的核心价值观之一。它有助于提高教育质量、增强家庭和学校的联系和沟通、促进孩子健康成长，并在以上诸方面均具有重要意义。为了实现共同成长，家长和教师应该建立平等的合作关系、加强沟通和交流、提供支持和帮助以及开展反思和总结等。只有当家庭和学校共同成长时，才能够更好地促进孩子的全面发展。

## 四、和谐关系

### （一）和谐关系的含义

家校合作是一种教育模式，强调家庭和学校在教育孩子方面的共同责任。和谐关系是家校合作模式的核心价值观之一，它是指家庭和学校之间建立相互尊重、相互信任、相互支持的关系，共同促进孩子的全面成长。

和谐关系包括两个方面：一是家庭和学校之间的合作关系；二是家长和教师之间的相互理解、相互支持的关系。家庭和学校应该共同参与孩子的教育过程，相互配合、相互协调，共同为孩子的成长和发展创造良好的环境和条件。同时，家长和教师之间应该加强沟通和交流，了解彼此的教育理念和教育方式，尊重彼此的意见和建议，建立良好的合作关系，共同促进孩子的成长。

（二）和谐关系的重要性

1.提高教育质量

和谐关系有助于提高教育质量。家庭和学校之间的合作关系能够为孩子提供更加全面、更加个性化的教育和支持，从而促进孩子的全面发展。同时，家长和教师之间的相互理解和支持能够更好地协调和配合彼此的工作，为孩子提供更加科学、更加有效的教育服务。

2.增强家庭和学校的联系和沟通

和谐关系有助于增强家庭和学校的联系和沟通。家长和教师之间建立良好的合作关系能够更好地了解孩子的需求和特点，更好地制订个性化的教育计划和教育方式，从而促进孩子的成长和发展。同时，双方之间的沟通和交流还能够加强彼此之间的了解和信任，为未来的合作打下坚实的基础。

3.促进孩子健康成长

和谐关系有助于促进孩子健康成长。家庭和学校之间的合作关系以及家长和教师之间的相互支持能够为孩子提供更加良好的成长环境和教育条件，帮助孩子树立正确的世界观、人生观和价值观。同时，和谐的关系还能够为孩子树立良好的榜样和示范，培养孩子的社交能力和人际交往能力，促进孩子的健康成长。

（三）实现和谐关系的措施

1.建立平等的合作关系

建立平等的合作关系是实现和谐关系的基础。家庭和学校应该建立平等的合作关系，相互尊重、相互信任、相互支持。家长应该尊重教师的专业知识和经验，教师也应该尊重家长的教育经验和观点。双方应该在平等的基础上进行合作，共同促进孩子的成长和发展。

2.加强沟通和交流

加强沟通和交流是实现和谐关系的关键。家长和教师应该定期进行沟通和交流，了解彼此的需求和期望，分享经验和资源，共同探讨孩子的教育问题。通过沟通和交流，双方可以相互学习和支持，增强彼此之间的了解和信任，实现相互促进、共同进步的目标。

3.提供支持和帮助

家长和教师应该提供支持和帮助，共同促进孩子的成长和发展。家长应该为孩子提供家庭教育的支持和帮助，如陪伴孩子成长、关注孩子的情感需求、提供良好的家庭环境等。教师应该为孩子提供学校教育的支持和帮助，如制订个性化的教育计划、提供丰富的学习资源、关注孩子的情感需求等。同时，双方还应该相互支持和帮助，共同解决孩子教育中出现的问题。

4.开展反思和总结

反思和总结是实现和谐关系的重要途径。家长和教师应该经常开展反思和总结，回顾家校合作的成果和不足之处，总结经验教训，为今后的合作提供参考。通过反思和总结，双方可以发现自身的不足之处，提高自身的教育水平和能力，实现共同进步。同时，反思和总结还能够增强双方之间的了解和信任，为未来的合作打下坚实的基础。

# 第三节　家校合作模式的教育意义与影响

## 一、提高教育质量

在当今社会，教育的重要性日益凸显。为了提高教育质量，家庭和学校的合作变得越来越重要。家校合作模式是一种有效的教育方式，通过家庭和学校的共同努力，为孩子的成长提供更加全面、更加个性化的支持和帮助。这种模式不仅可以提高教育质量，还能够促进家庭和学校之间的联系和沟通，为孩子的健康成长创造更加良好的环境。

（一）家校合作模式的教育意义

1.提高教育质量

家校合作模式可以提高教育质量。通过家庭和学校的共同努力，可以更好地了解孩子的需求和特点，为孩子提供更加个性化、更加全面的教育和支持。这种模式可以弥补学校教育的不足，满足孩子不同的学习需求，提高孩子的学习兴趣和动力，从而促进孩子的全面发展。

2.增强家庭和学校的联系和沟通

家校合作模式可以增强家庭和学校的联系和沟通。家长和教师之间可以更好地了解彼此的教育理念和教育方式，相互学习和支持。这种联系和沟通可以提高双方之间的信任和理解，为孩子的成长提供更加全面、更加有效的支持和帮助。

3.促进孩子健康成长

家校合作模式可以促进孩子健康成长。通过家庭和学校的共同努力，可以为孩子提供更加良好的成长环境和教育条件，帮助孩子树立正确的世界观、人生观和价值观。这种模式还可以培养孩子的社交能力和人际交往能力，促进孩子的健康成长和发展。

（二）家校合作模式对教育质量的影响

1.提高学生的学习成绩

家校合作模式可以通过多种方式提高学生的学习成绩。家庭和学校的共同努力可以为学生提供更加个性化、更加全面的教育和支持，帮助学生更好地掌握知识和技能。同时，家校合作还可以提高学生的学习兴趣和动力，增强学生的自主学习能力和自我管理能力，从而提高学生的综合素质和学习成绩。

2.增强学生的社交能力和人际交往能力

家校合作模式可以增强学生的社交能力和人际交往能力。在家庭和学校的共同教育和引导下，学生可以学会与他人合作、沟通和分享，提高自身的社交能力和人际交往能力。这种能力可以帮助学生更好地适应社会和生活，为未来的成长和发展打下坚实的基础。

3.提高学生的自我认知和自我管理能力

家校合作模式可以帮助学生更好地认识自己，了解自己的优点和不足之处，从而更好地规划自己的学习和生活。同时，家校合作还可以提高学生的自我管理能力，帮助学生更好地掌控自己的情绪和行为，提高自身的自律性和自我约束能力。这些能力可以帮助学生更好地适应社会和生活，为未来的成长和发展打下坚实的基础。

## 二、促进学生的全面发展

在当今社会，教育的重要性日益凸显。为了提高教育质量，家庭和学校的合作变得越来越重要。家校合作模式是一种有效的教育方式，通过家庭和学校的共同努力，为孩子的成长提供更加全面、更加个性化的支持和帮助。这种模式不仅可以提高教育质量，还能够促进家庭和学校之间的联系和沟通，为孩子的健康成长创造更加良好的环境。

（一）家校合作模式对学生的学习成绩的影响

家校合作模式可以通过多种方式提高学生的学习成绩。首先，家庭和学校的共同努力可以为学生提供更加个性化、更加全面的教育和支持，帮助学生更好地掌握知识和技能。其次，家校合作可以增强学生的学习动力和兴趣，提高学生的学习积极性和主动性。最后，家校合作还可以提高学生的自我管理能力，帮助学生更好地掌控自己的情绪和行为，提高自身的自律性和自我约束能力。这些能力的提升可以促进学生的全面发展，为学生的未来成长和发展打下坚实的基础。

（二）家校合作模式对学生社交能力和人际交往能力的影响

家校合作模式可以培养学生的社交能力和人际交往能力。在家庭和学校的共同教育和引导下，学生可以学会与他人合作、沟通和分享，提高自身的社交能力和人际交往能力。这种能力可以帮助学生更好地适应社会和生活，为未来的成长和发展打下坚实的基础。

（三）家校合作模式对学生的自我认知和自我管理能力的影响

家校合作模式可以帮助学生更好地认识自己，了解自己的优点和不足之处，从而更好地规划自己的学习和生活。同时，家校合作还可以提高学生的自我管理能力，帮助学生更好地掌控自己的情绪和行为，提高自身的自律性和自我约束能力。这些能力可以帮助学生更好地适应社会和生活，为未来的成长和发展打下坚实的基础。

（四）家校合作模式对学生的心理健康的影响

家校合作模式还可以对学生的心理健康产生积极的影响。家庭和学校的紧密合作可以为学生提供更加全面、更加个性化的支持和帮助，帮助学生更好地应对生活中的挑战和困难。同时，家校合作还可以营造更加良好的家庭氛围和教育环境，有利于学生的身心健康和全面发展。

## 三、增强家庭教育与学校教育的契合度

（一）加强家庭与学校的沟通和合作

加强家庭与学校的沟通和合作是增强家庭教育与学校教育契合度的关键。双方需要建立良好的沟通机制，及时交流学生的表现和问题，共同制订教育计划和措施。同时，家长和教师还应该多参加学校组织的活动，了解学生的学习和生活情况，为学生的成长提供更好的支持和帮助。

（二）制订个性化的教育计划

每个学生都有不同的特点和需求，制订个性化的教育计划是至关重要的。家长和教师应该根据学生的实际情况和学习需求，共同制订个性化的教育计划，帮助学生更好地掌握知识和技能。同时，个性化的教育计划还应该注重学生的全面发展，包括社交能力、自我认知和自我管理能力等方面的培养。

（三）共同营造良好的教育环境

良好的教育环境是促进学生全面发展的重要因素之一。家庭和学校应该共同营造良好的教育环境，包括良好的家庭教育环境、学校教育环境和社区教育环境等。同时，还应该注重教育环境的持续改善和优化。随着社会的发展和教育改革的深入，家校合作模式在促进学生全面发展方面越来越受到重视。这种模式强调家庭和学校的共同参与、相互配合，以实现学生的全面发展和成长。笔者从家校合作模式对学习成绩、社交能力、自我认知和自我管理能力的影响等方面进行了探讨，并提出了增强家校合作模式促进学生全面发展的策略和建议。

## 四、推动教师与家长之间的有效沟通与互动

在孩子的成长过程中，家庭和学校是两个最重要的教育环境。教师和家长则是这两个环境中的关键角色。教师负责学生在学校的学习和表现，而家长则对孩子的家庭教育和社会发展产生深远影响。只有当教师和家长之间建立有效的沟通和互动，才能更好地促进学生的全面发展。

（一）教师与家长沟通的重要性

1.增进相互理解，形成教育合力

教师与家长之间的有效沟通可以增进相互理解，使双方更好地了解孩子的需求和问题。通过沟通，教师可以了解到孩子在家庭中的表现和情况，家长也可以了解到孩子在学校的学习和社交情况。这种相互理解有助于形成教育合力，共同促进孩子的成长。

2.提高学生的学习成绩和社交能力

教师与家长之间的有效沟通可以提高学生的学业成绩和社交能力。通过沟通，教师可以及时发现学生在学习上的困难和问题，并给予及时的帮助和支持。同时，家长也可以在家庭中加强对孩子的学习监督和情感关怀，为孩子提供更好的学习环境和支持。这种合作有助于提高学生的学习成绩和社交能力。

3.促进学生的自我认知和自我管理能力

教师与家长之间的有效沟通可以促进学生的自我认知和自我管理能力。通过沟通，教师可以了解学生在家庭中的表现和情况，家长也可以了解孩子在学校的学习和社交情况。这种相互了解有助于学生更好地认识自己，发现自己的优点和不足，从而更好地进行自我管理和自我发展。

（二）推动教师与家长之间的有效沟通与互动

1.建立定期沟通机制

为了确保教师与家长之间的有效沟通，双方应该建立定期沟通机制。教师可以定期向家长汇报学生的学习情况和表现，家长也可以向教师反映孩子在家庭中的表现和问题。这种定期沟通机制有助于双方更好地了解孩子的情况，及时发现并解决问题。

2.注重沟通方式和技巧

教师与家长之间的沟通方式和技巧对沟通效果有着重要影响。双方应该注重沟通方式和技巧的培养和提高。例如，教师可以采用积极倾听、同理心等技巧来更好地了解家长的需求和问题；家长也应该采用积极的态度、尊重教师的意见等技巧来更好地与教师沟通。

3.共同制订教育计划和措施

教师与家长应该共同制订教育计划和措施，以促进学生的全面发展。双方可以共同商讨孩子的教育目标、学习计划、社交能力培养等方面的问题，制订出符合孩子实际情况的教育计划和措施。这种合作有助于提高学生的学习成绩和社交能力，促进学生的全面发展。

4.加强情感交流和支持

教师与家长之间的有效沟通不仅仅局限于学生的学习成绩和表现，还应该加强情感交流和支持。双方可以互相分享孩子在成长过程中的喜悦和困难，共同探讨如何更好地支持孩子的成长和发展。这种情感交流和支持有助于增进双方的理解和信任，形成更好的教育合力。

## 五、提高家长对学校教育的参与度和满意度

在当今社会，家长对学校教育的参与度和满意度对于学生的成长和教育质量的提高具有重要意义。然而，许多家长对学校教育的参与度和满意度并不高。

（一）提高家长对学校教育的参与度

1.建立有效的沟通机制

建立有效的沟通机制是提高家长对学校教育参与度的关键。学校应该通过定期的家长会、座谈会、电话、电子邮件等方式与家长进行沟通，让家长了解学校的教育教学情况，同时听取家长的意见和建议，形成有效的沟通渠道。

2.提供多元化的参与方式

家长对学校教育的参与方式不同，可以根据实际情况提供多元化的参与方式。例如，可以邀请家长参加学校的决策机构，共同制订学校的发展规划和教育教学计划；可以邀请家长担任课外活动指导员，协助学校组织各种活动；可

以邀请家长参加学生的社会实践和志愿服务活动，共同培养学生的社会责任感和实践能力。

3.增强家长的参与意识和能力

提高家长的参与度和满意度，需要增强家长的参与意识和能力。学校可以通过培训、讲座等方式，向家长宣传学校教育的重要性和参与方式，提高家长的参与意识和能力。同时，学校还可以通过座谈会、问卷调查等方式，了解家长的意见和建议，及时改进和调整教育教学工作，提高家长的参与度和满意度。

（二）提高家长对学校教育的满意度

1.提高教育教学质量

提高教育教学质量是提高家长对学校教育满意度的核心。学校应该注重教育教学改革和创新，采用先进的教育理念和方法，提高教育教学质量。同时，学校还应该注重学生的个性差异和特长发展，提供个性化的教育服务，满足不同家长的需求和期望。

2.加强师生关爱和安全管理

加强师生关爱和安全管理是提高家长对学校教育满意度的基础工作。学校应该注重师生关爱和安全管理，建立健全的师生关爱和安全管理制度，营造安全、和谐、温馨的校园环境。同时，学校还应该注重学生的心理健康和思想道德教育，帮助学生树立正确的世界观、人生观和价值观。

3.增强学校的服务意识和能力

增强学校的服务意识和能力是提高家长对学校教育满意度的关键。学校应该注重增强服务意识，为家长和学生提供优质的教育服务。同时，学校还应该注重提高服务能力，完善教育设施和设备，提高教育服务的质量和水平。

# 第三章　家校合作模式在初中学校管理中的应用策略

## 第一节　建立家校合作的组织机构与机制

### 一、建立家校合作委员会

#### （一）背景和意义

随着社会的进步和家长对教育期望的提高，家校合作已成为现代教育的重要趋势；家庭和学校不再是各自为政的教育实体，而是相互配合、共同协作，以实现学生的全面发展和提升教育质量。建立家校合作委员会是实现这一目标的重要手段。

家校合作委员会是一个由学校领导、教师、家长和社区代表组成的团体，旨在加强家庭和学校之间的沟通与合作，促进学校与社区的联系，共同解决学生在成长过程中遇到的问题，提高教育质量和学生的满意度。

#### （二）目的和任务

1.加强沟通与合作

家校合作委员会是家庭和学校之间沟通的桥梁，有助于消除误解和分歧，增强相互信任。通过定期召开会议，学校可以向家长通报教育教学计划和学生的表现，家长可以向学校反馈自己对教育的期望和建议。

2.提高教育质量

家校合作委员会可以共同探讨如何提高教育质量,满足家长和学生的需求。委员会可以组织教师和家长交流教育心得，分享成功的教学方法和经验。此外，委员会还可以对学校的教学设施、课程设置和教学方法提出改进意见。

3.促进学生的全面发展

家校合作委员会不仅关注学生的学业成绩，还关注学生的身心健康和全面发展。委员会可以组织各类活动，如运动会、艺术比赛和社会实践等，为学生提供展示才华的平台，促进学生的全面发展。

4.增强社区参与感

家校合作委员会可以邀请社区代表参与委员会的工作，增强社区对学校教育的参与感和责任感。社区可以提供资源支持学校的教育活动，如提供实践基地、资助奖学金等。

（三）组织和运作方式

1.组织架构

家校合作委员会应设立主席、副主席、秘书等职位，并明确各职位的职责。主席负责委员会的整体运作，副主席协助主席工作，秘书负责会议记录和资料整理。此外，委员会还应设立各个专门小组，负责特定领域的工作。

2.成员组成

家校合作委员会的成员应包括学校领导、教师、家长和社区代表。成员的组成应具有广泛性和代表性，以确保各方的利益得到充分表达和关注。

3.运作方式

家校合作委员会应定期召开会议，通常每学期至少召开两次。会议应遵循议事规则，确保所有成员都有机会发表意见和提出建议。委员会应建立有效的沟通渠道，如电话、电子邮件等，以便及时传递信息和解决问题。

4.培训与发展

为提高家校合作委员会成员的素质和能力，应定期开展培训活动。培训内容可以包括沟通技巧、团队合作、教育理念等。此外，还可以组织参观学习和经验交流活动，以促进委员会之间的合作与互动。

（四）挑战与对策

1.观念差异

家庭和学校在教育观念上可能存在差异。因此，委员会应加强沟通和理解，尊重彼此的观点，寻求共同点，以实现合作共赢。

2.时间与精力投入

家校合作委员会的工作需要投入大量的时间和精力。为确保委员会的有效运作，应合理分配成员的任务，并给予一定的激励措施，如荣誉证书、感谢信等。

## 二、设立家长教师协会

### （一）背景与意义

随着社会的发展和教育体系的不断完善，家长、教师和学生之间的合作关系越来越受到重视。家长教师协会是一种有效的组织形式，可以加强家庭与学校之间的联系和沟通，共同促进学生的成长和发展。

家长教师协会的建立，旨在搭建一个平台，让家长、教师和学生共同参与教育过程，分享教育资源和经验，共同提高学生的综合素质和教育质量。同时，通过协会的活动和交流，还可以增进家庭与学校之间的相互理解和信任，加强社会对教育的支持和关注。

### （二）协会宗旨

1.加强家庭与学校之间的联系和沟通，促进双方的相互理解和信任。

2.分享教育资源和经验，共同提高学生的综合素质和教育质量。

3.增进社会对教育的支持和关注，推动教育的发展和进步。

### （三）协会活动与职责

1.定期会议与交流：协会应定期组织成员召开会议，分享教育信息和经验，讨论学生的发展问题，并提出改进意见和建议。

2.资源共享：协会可以建立资源共享平台，让家长、教师和学生共同分享教育资源，如学习资料、教育软件等。

3.家长教师合作项目：协会可以组织家长和教师共同参与教育项目，如课外活动、社会实践等，以增进相互之间的合作和理解。

4.学生成长记录：协会可以协助家长和教师记录学生的成长过程和表现，为学生提供全面的成长记录和发展建议。

5.家庭教育指导：协会可以组织专家和经验丰富的家长开展家庭教育讲座和培训，提供家庭教育指导和支持。

6.参与学校管理：协会可以参与学校的决策和管理，为学校的发展和改进提供意见和建议。

（四）组织架构与运作方式

1.组织架构：协会应设立主席、副主席、秘书等职位，并明确各职位的职责。主席负责协会的整体运作，副主席协助主席工作，秘书负责会议记录和资料整理。此外，协会还应设立各个专门小组，负责特定领域的工作。

2.成员组成：协会的成员应包括家长、教师和学生，同时也可以邀请教育专家、社会人士等参与协会的活动和指导工作。

3.运作方式：协会应定期召开会议，根据需要组织各种活动和项目，并遵循民主决策和公开透明的原则。协会应建立有效的沟通渠道，及时传递信息和解决问题。同时，协会还应积极争取社会资源和支持，为学生的成长和发展提供更多的帮助和支持。

4.培训与发展：为提高协会成员的素质和能力，协会应定期开展培训活动。培训内容可以包括家庭教育技巧、教育政策法规、学生心理健康等。此外，还可以组织参观学习和经验交流活动，以促进协会成员之间的合作与互动。

（五）挑战与对策

1.时间与精力投入：协会的工作需要投入大量的时间和精力。为确保协会的有效运作，应合理分配成员的任务，并给予一定的激励措施，如荣誉证书、感谢信等。

2.观念差异：家长、教师和学生之间可能存在观念差异和分歧。协会应加强沟通和理解，尊重彼此的观点，寻求共同点和发展方向。

3.社会资源与支持：协会的发展需要社会的支持和关注。应积极争取社会资源和支持，加强与社会各界的联系和合作。同时，也可以通过开展公益活动和社会服务来增强社会影响力。

# 三、建立信息共享平台

（一）背景与意义

在当今社会，教育的重要性日益凸显。学校和家庭是孩子成长的重要环境，而教师和家长则是孩子成长过程中的重要陪伴者。为了更好地促进孩子的全面发展，加强教师与家长之间的沟通与合作显得尤为重要。

教师家长信息共享平台是一种有效的家校沟通工具，它通过整合教师和家长双方的信息资源，为双方提供便捷、实时的交流与互动平台。该平台不仅可以提高家校沟通的效率，还可以增强家校之间的信任与合作，为孩子的健康成长创造更好的环境。

（二）平台设计与功能

1.平台架构设计

教师家长信息共享平台采用 B/S 架构，基于互联网技术构建。平台包括前端展示、后端管理和数据库存储三个部分。前端展示负责用户界面的设计和展示，后端管理负责平台的管理和维护，数据库存储则负责数据的存储和备份。

2.主要功能模块

（1）个人信息模块：该模块包括教师和家长的姓名、联系方式、邮箱等基本信息。用户可以在该模块中编辑和更新自己的信息。

（2）互动交流模块：该模块提供教师和家长之间的交流互动功能。双方可以通过文字、图片、视频等多种方式进行实时互动，方便快捷地沟通孩子的学习和生活情况。

（3）通知公告模块：该模块用于发布学校或班级的通知公告，包括学校新闻、活动安排、考试通知等。教师和家长可以通过该模块及时获取学校和班级的最新动态。

（4）作业管理模块：该模块用于布置和提交作业，教师可以随时布置作业并提醒家长查看和督促孩子完成。家长则可以通过该模块查看作业内容，并协助孩子完成作业。

（5）成绩管理模块：该模块用于发布和查询学生的成绩信息。教师可以发布考试成绩、作业完成情况等信息，家长则可以查询孩子的成绩报告，及时了解孩子的学习情况。

（6）资源共享模块：该模块提供教育资源的共享功能，包括学习资料、教育软件等。教师和家长可以通过该模块共享有用的教育资源，共同促进孩子的成长和发展。

（三）实施策略与措施

1.制定使用规范和管理制度

为了确保教师家长信息共享平台的顺利运行和使用，需要制定相应的使用规范和管理制度。明确教师和家长的使用权限和责任，规范信息的发布和传播，确保平台的安全性和稳定性。

2.加强培训和技术支持

教师和家长需要掌握平台的使用方法和操作技能，需要加强培训和技术支持。通过开展培训讲座、制作操作指南等方式，帮助教师和家长熟悉平台的使用方法，提高平台的利用率。

3.建立反馈机制和评价机制

为了不断完善平台的功能和服务，需要建立反馈机制和评价机制。鼓励教师和家长提出意见和建议，及时收集并整理反馈信息，针对问题进行改进和优化。同时，可以建立评价机制，对平台的使用效果和服务质量进行评估和监督。

4.加大宣传和推广力度

提高教师家长信息共享平台的知名度和影响力，需要加大宣传和推广力度。可以通过学校、班级、家长会等渠道进行宣传推广，让更多的教师和家长了解并使用平台。同时，可以开展一些线上线下活动，吸引更多的用户参与平台的使用和互动。

（四）总结与展望

建立教师家长信息共享平台是促进家校沟通与合作的重要手段之一，具有广泛的应用前景和发展空间。通过制定使用规范和管理制度、加强培训和技术支持、建立反馈机制和评价机制以及加大宣传和推广力度等措施的实施，可以有效地推动教师家长信息共享平台的建立和使用，为孩子的健康成长创造更好的环境。

# 四、完善家校合作规章制度

（一）背景与意义

在当今社会，教育的重要性日益凸显。学校和家庭是孩子成长的重要环境，而教师和家长则是孩子成长过程中的重要陪伴者。为了更好地促进孩子的全面发展，加强教师与家长之间的沟通与合作显得尤为重要。

家校合作是一种有效的教育方式，通过整合学校和家庭的教育资源，共同促进孩子的成长和发展。完善的家校合作规章制度是保障家校合作顺利实施的基础，它能够明确双方的权利和义务，规范合作行为，提高合作效果。

（二）规章制度的制定

1.制定原则

制定家校合作规章制度应遵循以下原则。

（1）以孩子为中心：规章制度应围绕孩子的成长和发展展开，旨在为孩子创造更好的教育环境。

（2）尊重平等：学校和家庭应相互尊重、平等合作，共同承担教育责任。

（3）责任明确：规章制度应明确学校和家庭各自的责任和义务，确保合作的顺利进行。

（4）公开透明：规章制度应公开透明，让教师和家长了解合作内容和要求，保障双方的知情权和参与权。

2.制定流程

制定家校合作规章制度应遵循以下流程。

（1）调研分析：对现有的家校合作情况进行调研分析，了解存在的问题和需求。

（2）起草规章：根据调研分析结果，起草家校合作规章制度草案。

（3）征求意见：将草案分发给教师、家长、学校管理者等相关方，广泛征求意见。

（4）修改完善：根据征求到的意见，对规章进行修改和完善。

（5）审议通过：将修改后的规章提交给学校决策机构审议通过。

3.规章内容

家校合作规章制度应包括以下内容。

（1）总则：明确家校合作的目的、原则和意义。

（2）组织机构：明确家校合作的组织机构设置及职责。

（3）权利与义务：明确学校和家庭在合作中的权利和义务。

（4）合作内容与方式：明确家校合作的内容和方式，包括沟通交流、活动组织、资源共享等。

（5）监督与评估：明确家校合作的监督与评估机制，保障合作效果。

（6）附则：对规章制度的解释权归属、生效时间等进行说明。

（三）实施措施与保障机制

1.加强宣传培训

加强宣传培训是保障家校合作规章制度顺利实施的重要措施之一。通过宣传培训，让教师和家长了解规章制度的内容和要求，提高双方的合作意识和能力。同时，加强培训也可以提高教师和家长对规章制度的认同感和执行力。

2.建立沟通机制

建立有效的沟通机制是保障家校合作规章制度顺利实施的关键。学校应设立专门的沟通渠道和平台，方便教师和家长之间的交流与互动。同时，学校应定期组织家长会、座谈会等活动，增进教师与家长之间的了解和信任。通过沟通机制的建立，可以及时解决合作中出现的问题和矛盾，提高合作效果。

3.强化监督评估机制

强化监督评估机制是保障家校合作规章制度顺利实施的重要保障。学校应设立监督评估小组，对家校合作情况进行定期或不定期的检查和评估。同时，鼓励教师和家长对家校合作提出意见和建议，及时发现并改进存在的问题。通过监督评估机制的强化，可以保证规章制度的落实和执行效果。

4.建立奖惩机制

建立奖惩机制可以激励教师和家长积极参与家校合作，提高双方的责任感和参与度。对于在合作中表现优秀的教师和家长给予表彰和奖励，对于不履行义务或违反规章制度的教师和家长进行相应的惩罚和处理。通过奖惩机制的建立，可以树立榜样效应，促进家校合作的良性发展。

# 第二节　制订明确的家校合作计划与方案

## 一、制订长期的家校合作规划

（一）背景与意义

在当今社会，教育的重要性日益凸显。学校和家庭是孩子成长的重要环境，而教师和家长则是孩子成长过程中的重要陪伴者。为了更好地促进孩子的全面发展，加强教师与家长之间的沟通与合作显得尤为重要。

家校合作是一种有效的教育方式。通过整合学校和家庭的教育资源，共同促进孩子的成长和发展。制订长期的家校合作规划是保障家校合作顺利实施的基础，它能够明确双方的合作目标、任务和措施，确保合作的稳定性和持续性。

（二）规划原则

制订长期的家校合作规划应遵循以下原则。

1.以孩子为中心：规划应围绕孩子的成长和发展展开，旨在为孩子创造更好的教育环境。

2.尊重平等：学校和家庭应相互尊重、平等合作，共同承担教育责任。

3.责任明确：规划应明确学校和家庭各自的责任和义务，确保合作的顺利进行。

4.目标明确：规划应明确家校合作的目标、任务和措施，确保合作的针对性和可操作性。

5.持续发展：规划应考虑家校合作的可持续发展，建立长效机制，促进合作的深入发展。

（三）规划内容

长期的家校合作规划应包括以下内容。

1.合作目标：明确家校合作的目标，包括促进孩子的全面发展、提高教育质量、加强德育工作等。

2.合作任务：明确家校合作的任务，包括加强沟通交流、组织活动、资源共享等。

3.合作措施：明确家校合作的措施，包括建立沟通渠道、设立家长委员会、开展亲子活动等。

4.监督评估：建立监督评估机制，对家校合作进行定期检查和评估，及时发现并改进存在的问题。

5.资源保障：明确家校合作的资源保障措施，包括人力、物力、财力等方面的保障。

6.合作伙伴关系：建立稳定的合作伙伴关系，加强学校与家长、教师与家长之间的信任和合作。

7.宣传推广：加强宣传推广工作，提高教师和家长对家校合作的认知度和参与度。

8.持续发展：建立长效机制，推动家校合作的持续发展，不断提高合作效果。

## 二、制订具体的合作方案和计划

（一）建立家校合作委员会

1.成立家校合作委员会，由学校领导、教师代表和家长代表组成，共同协商家校合作事宜。

2.家校合作委员会应定期召开会议，制订合作方案和计划，监督合作项目的实施和评估合作效果。

3.家校合作委员会应积极参与学校的教育教学活动，为学校的发展和孩子的成长提供支持和帮助。

（二）建立有效的沟通渠道

1.建立家长联系卡、家长会等制度，及时了解家长对孩子的期望和教育需求。

2.定期组织家长座谈会、家长经验分享会等活动，加强学校与家长的沟通与交流。

3.设立家长意见箱和投诉渠道，及时了解家长对学校和教师的意见和建议，及时解决问题。

（三）组织丰富多彩的活动

1.组织各类亲子活动、文化体验活动、社会实践活动等，加强学校与家长之间的联系和互动。

2.开展家庭教育讲座、心理咨询等活动，提高家长的教育水平和心理素质。

3.组织学生参加各类竞赛、展览等活动，拓宽孩子的视野和知识面，提高孩子的综合素质。

（四）资源共享与合作共赢

1.学校与家长应积极发掘各自的优势资源，共同为孩子的成长提供支持和帮助。

2.学校可以邀请家长参与学校的课程设计、教学辅导等活动，提高教学的针对性和实效性。

3.家长可以提供给孩子学习、成长等方面的支持和帮助，促进孩子的全面发展。

4.学校与家长可以建立合作关系，共同开展科研、学术等活动，推动教育事业的进步和发展。

（五）监督评估与持续改进

1.家校合作委员会应定期对家校合作进行监督评估，及时发现问题并采取措施加以改进。

2.建立家校合作档案，记录合作方案、计划、实施和评估等过程和结果。

3.对家校合作的成效进行定期评估，及时总结经验教训，不断完善和提高合作效果。

4.定期组织表彰奖励活动，表彰在家校合作中表现优秀的教师、家长和学生，激励更多的人积极参与家校合作。

5.加强与其他学校、教育机构的交流与合作，学习借鉴先进的家校合作经验，推动家校合作的创新与发展。

6.结合实际情况，不断调整和完善家校合作方案和计划，确保其适应时代发展需求和孩子成长需要。

7.加强宣传推广工作，通过各种渠道宣传家校合作的重要意义和实践成果，提高教师、家长和社会各界对家校合作的认知和支持。

8.鼓励教师和家长结合实际情况，积极探索创新家校合作模式和方法，为孩子的成长提供更加优质的教育环境。

## 三、确定合作的具体内容和形式

（一）合作内容

1.家庭教育指导：学校可以邀请家庭教育专家、学者、优秀家长等，为家长提供家庭教育指导和培训，帮助家长掌握科学的教育方法和理念，提高家庭教育的质量和水平。

2.亲子沟通培训：学校可以组织亲子沟通培训，帮助家长和孩子建立良好的沟通关系，提高家庭教育的效果和孩子的综合素质。

3.学科辅导：学校可以组织学科辅导，针对不同年级、不同学科进行辅导，帮助家长更好地了解孩子的学习情况，为孩子的学习提供支持和帮助。

4.社会实践：学校可以组织社会实践，如参观博物馆、科技馆等，让孩子更好地了解社会和历史文化，拓宽孩子的视野和知识面。

5.心理辅导：学校可以组织心理辅导，针对不同年龄段的孩子进行心理辅导，帮助孩子解决心理问题，促进孩子的健康成长。

6.文体活动：学校可以组织文体活动，如运动会、文艺比赛等，让孩子更好地发挥自己的特长和爱好，提高孩子的身体素质和文化素质。

7.资源共享：学校可以与家长分享教育资源，如教育理念、教学方法、课程设计等，共同为孩子的成长提供支持和帮助。

8.合作研究：学校可以与家长合作开展教育科研、学术研究等活动，共同探索教育规律和孩子的成长规律，推动教育事业的进步和发展。

（二）合作形式

1.家长会：定期召开家长会，由学校领导、教师和家长代表共同参与，就孩子的教育问题、成长问题进行交流和讨论，制定相应的解决方案和措施。

2.家长学校：设立家长学校，为家长提供家庭教育指导和培训，帮助家长更好地了解孩子的成长需求和教育方法。

3.家访：教师进行家访，深入了解孩子的家庭情况和生活环境，与家长进行面对面的交流和指导。

4.在线咨询：建立在线咨询平台，由专业人士为家长提供在线咨询和指导，解答家长在家庭教育中出现的问题和困惑。

5.实践活动：组织实践活动，如社会实践、志愿服务等，让孩子更好地了解社会和生活，提高孩子的实践能力和综合素质。

6.家长志愿者：成立家长志愿者组织，让家长积极参与学校的各项活动和服务工作，加强学校与家长之间的联系和互动。

7.家长委员会：成立家长委员会，由家长代表组成，参与学校的各项决策和管理事务，为学校的发展和孩子的成长提供支持和帮助。

8.网络平台：利用网络平台，如微信群、QQ群等，加强学校与家长之间的沟通和交流，分享教育资源和信息。

9.定期反馈：定期向家长反馈孩子的学习情况、表现评价等，让家长更好地了解孩子的发展需求和教育目标。

10. 联合办学：尝试与社区、企事业单位等联合办学的方式，共同为孩子的成长提供更加优质的教育环境和资源。

## 四、明确合作的目标和预期成果

（一）合作目标

家校合作的目标是促进孩子的全面发展，提高孩子的综合素质，为其未来的社会发展打下坚实的基础。具体来说，家校合作的目标包括以下方面。

1.培养孩子的综合素质：通过家校合作，共同关注孩子的全面发展，不仅关注孩子的学业成绩，还注重孩子的品德素养、兴趣爱好、社会实践等多方面的发展，培养孩子的综合素质。

2.提高孩子的自主能力：通过家校合作，引导孩子自主思考、自主决策、自主探究，培养孩子的自主能力，让孩子在未来的学习和生活中具备自主发展的潜力。

3.建立良好的亲子关系：通过家校合作，加强家长与孩子之间的沟通和交流，建立良好的亲子关系，让孩子感受到家长的关爱和支持，同时也让家长更好地了解孩子的需求和成长情况。

4.促进学校与社区的合作：通过家校合作，促进学校与社区、企事业单位等的合作，共同为孩子的成长提供更加优质的教育环境和资源，推动社区教育的发展。

5.提升家庭教育的质量和水平：通过家校合作，为家长提供家庭教育指导和培训，帮助家长掌握科学的教育方法和理念，提高家庭教育的质量和水平，促进孩子的健康成长。

（二）预期成果

家校合作的预期成果包括以下方面。

1.提高孩子的综合素质：通过家校合作的共同关注和培养，孩子的综合素质将得到明显提高，不仅学业成绩将得到提升，品德素养、兴趣爱好、社会实践等方面也将得到全面发展。

2.增强孩子的自主能力：通过家校合作的引导和培养，孩子的自主能力将得到提高，能够自主思考、自主决策、自主探究，具备自主发展的潜力，为未来的学习和生活打下坚实的基础。

3.建立良好的亲子关系：通过家校合作的推动和促进，亲子关系将更加和谐、亲密，家长和孩子之间的沟通和交流将更加顺畅、有效，为孩子的健康成长提供有力的支持。

4.优化教育环境和资源：通过家校合作的推动和促进，学校与社区、企事业单位等的合作将更加紧密，共同为孩子的成长提供更加优质的教育环境和资源，推动社区教育的发展。

5.提高家庭教育的质量和水平：通过家校合作的指导和培训，家长将掌握科学的教育方法和理念，提高家庭教育的质量和水平，促进孩子的健康成长。同时，家长也将更加了解孩子的需求和成长情况，更好地支持孩子的成长和发展。

6.增强学校的综合实力：通过家校合作的推动和促进，学校的综合实力将得到提高，教育教学质量、管理水平、师资力量等方面都将得到提升，为孩子的健康成长提供更好的支持和保障。

7.促进社会的和谐稳定：通过家校合作的推动和促进，家庭和学校之间的合作关系将更加紧密，共同为孩子的健康成长和社会和谐稳定作出贡献。同时，孩子也将成为家庭的希望、社会的栋梁，为社会的未来发展作出更大贡献。

# 第三节　加强家校沟通，提升信息共享与协调水平

## 一、建立定期沟通机制

（一）定期家校沟通机制的必要性

1.增进相互理解：通过定期的家校沟通，家长和教师能够更好地了解孩子在家庭和学校中的表现，从而更全面地评估他们的需求和问题，为孩子提供更有效的支持和帮助。

2.提高教育质量：家校之间的密切合作有助于提高教育质量。家长可以向教师提出建议和意见，教师也可以向家长反馈孩子的学习情况和表现。这种互动可以促进双方更好地配合，为孩子提供更优质的教育环境。

3.及时解决问题：定期的家校沟通有助于及时发现和解决问题。当孩子遇到困难或挑战时，家长和教师能够迅速沟通，共同制定解决方案，确保孩子的健康成长。

4.促进家庭与学校之间的联系：家校沟通可以增强家庭和学校之间的联系，促进双方的相互信任和合作。这种联系有助于形成教育合力，共同促进孩子的成长和发展。

5.提供个性化教育支持：通过定期的家校沟通，教师可以更好地了解每个孩子的家庭背景、兴趣爱好和学习特点，从而为他们提供更加个性化的教育支持。

（二）实施建议

1.确定沟通时间和频率：根据实际情况，制定适合的沟通时间和频率。例

如，每周一次的家校联系本、每月一次的家长会等。同时，也要确保在特殊情况下能够及时进行临机沟通。

2.制订沟通计划：制订明确的沟通计划，包括沟通的目的、内容、参与人员和时间等。这有助于确保沟通的顺利进行和目标的实现。

3.鼓励积极参与：鼓励家长和教师积极参与家校沟通活动，分享彼此的观点和建议。同时，要尊重对方的意见，建立开放和包容的沟通氛围。

4.做好记录和反馈：在沟通过程中，要做好记录和整理工作，确保信息的准确传达和理解。同时，要重视反馈意见和建议，及时调整和完善沟通机制。

5.运用多种沟通方式：除了面对面的交流外，还可以运用电话、短信、电子邮件等多种方式进行沟通。根据实际情况选择合适的沟通方式，提高沟通效率和效果。

6.培养良好的沟通技巧：家长和教师都应培养良好的沟通技巧，包括倾听技巧、表达能力和问题解决能力等。这有助于确保沟通的顺利进行和问题的解决。

7.建立信任和尊重：在沟通过程中，家长和教师应相互信任、尊重和理解。只有建立起互信关系，才能更好地实现有效沟通和对孩子成长的共同关注。

8.持续改进和完善：定期家校沟通机制不是一成不变的，而是需要根据实际情况和需要进行不断改进和完善。要关注孩子的需求变化和反馈意见，及时调整沟通策略和方法，以保持其活力和有效性。

建立定期家校沟通机制对于孩子的全面发展和健康成长至关重要。通过定期的家校沟通，家长和教师能够更好地了解孩子的表现和发展需求，共同关注他们的成长过程并解决问题。在实际操作中，家长和教师应积极参与并落实好沟通计划和策略，同时培养良好的沟通技巧和氛围，以实现有效的沟通和合作，从而为孩子的成长和发展提供更好的支持和服务。

## 二、提升信息传递的准确性和及时性

（一）提升家校信息传递准确性的方法

1.建立标准化的信息传递流程：制定统一的信息传递流程，包括信息的收集、整理、审核和发布等环节。通过标准化的流程，可以确保信息的准确性和一致性。

2.建立信息核实机制：在信息传递过程中，建立信息核实机制，确保信息的真实性和准确性。例如，对于重要的通知或公告，可以通过电话或短信等方式进行核实，避免因误传或误解导致的信息错误。

3.提高信息传递人员的素质：提高信息传递人员的专业素质和责任心，让他们认识到信息准确性的重要性，并掌握必要的信息处理技能。

4.建立信息反馈机制：建立信息反馈机制，鼓励家长和教师对接收到的信息进行反馈和纠正。通过这种机制，可以及时发现并纠正信息中的错误，提高信息的准确性。

（二）提升家校信息传递及时性的策略

1.制定合理的时间表：制定合理的时间表，确保信息的及时传递。例如，对于日常的通知和公告，可以按照固定的时间表进行发布，让家长和教师能够提前了解相关信息并做好准备。

2.建立紧急情况处理机制：对于紧急情况，建立紧急处理机制，确保信息能够迅速传递到相关人员手中。例如，在发生突发事件时，可以通过短信、电话或电子邮件等方式紧急通知家长和教师，确保他们能够迅速获得相关信息并及时采取行动。

3.优化信息传递渠道：优化信息传递渠道，选择高效的信息传递方式。例如，对于重要的通知和公告，可以通过校园网站、微信公众号、班级微信群等渠道进行发布，确保信息能够迅速传递到目标受众手中。

4.建立信息提醒机制：建立信息提醒机制，对于重要信息的发布和更新进行提醒。例如，可以通过短信或电子邮件等方式向家长和教师发送提醒通知，让他们能够及时关注和获取相关信息。

5.提高信息传递效率：提高信息传递效率，尽可能减少信息传递过程中的环节和时间。例如，对于紧急信息的发布和传递，可以采用直通车式的信息传递方式，避免因中间环节过多导致的信息延迟。

提升家校信息传递的准确性和及时性对于孩子的成长和发展具有重要意义。通过建立标准化的信息传递流程、提高信息传递人员的素质、制定合理的时间表、建立紧急情况处理机制、优化信息传递渠道以及建立信息提醒机制等方法和策略，可以有效地提升家校信息传递的准确性和及时性。在实际操作中，需要结合具体情况灵活运用不同的方法和策略，以实现更高效、准确、及时的家校信息传递。

## 三、加强学校与家长之间的沟通和协调

### （一）加强学校与家长沟通的方法

1.定期举行家长会：学校可以定期举行家长会，邀请家长代表参加，共同讨论孩子教育问题。通过家长会，学校可以向家长汇报孩子的学习情况和生活状态，家长也可以向学校反映孩子在家中的表现和需求。

2.建立家长教师交流机制：学校可以建立家长教师交流机制，鼓励家长和教师之间进行定期的沟通和交流。可以通过电话、短信、微信等方式进行交流，及时了解孩子的情况，共同探讨教育方法。

3.开展家访活动：学校可以定期开展家访活动，深入了解学生的家庭情况和成长环境。通过家访，学校可以与家长建立更紧密的联系，共同解决孩子教育过程中遇到的问题。

4.完善家长反馈机制：学校可以建立完善的家长反馈机制，鼓励家长对学校的教育教学工作提出意见和建议。通过反馈机制，学校可以及时了解家长的诉求，改进教育教学工作，提高服务质量。

### （二）加强学校与家长协调的策略

1.共同制订教育计划：学校可以与家长共同制订教育计划，明确孩子的教育目标和培养方向。通过共同制订计划，可以增强家长对学校教育的参与感和责任感，提高教育的针对性和有效性。

2.合作开展课外活动：学校可以与家长合作开展课外活动，如社会实践、志愿服务等。通过合作开展活动，可以增强家长与孩子的互动，提高孩子的综合素质和社会责任感。

3.共享教育资源：学校可以与家长共享教育资源，如图书馆、体育设施等。通过共享资源，可以丰富孩子的课余生活，提高孩子的综合素质。

4.共同关注孩子的成长：学校可以与家长共同关注孩子的成长，针对孩子的特点和需求制定个性化的教育方案。通过共同关注成长，可以增强家长对孩子的了解和关注度，提高教育的效果和质量。

5.加强网络安全教育：学校可以与家长加强网络安全教育，共同维护孩子的网络安全。通过加强网络安全教育，可以保护孩子的隐私和安全，避免因网络问题导致的安全隐患。

加强学校与家长之间的沟通和协调对于孩子的全面发展和教育质量的提高具有重要意义。通过定期举行家长会、建立家长教师交流机制、开展家访活动以及完善家长反馈机制等方法，可以加强学校与家长之间的沟通。通过共同制订教育计划、合作开展课外活动、共享教育资源以及共同关注孩子的成长等策略，可以加强学校与家长之间的协调。在实际操作中，需要结合具体情况灵活运用不同的方法和策略，以实现更高效、更密切的家校合作和教育协同发展。

## 四、促进家长与教师之间的有效沟通和互动

（一）提高沟通意识，尊重彼此

家长和教师都是孩子教育的重要参与者，他们有着共同的目标，即促进孩子的全面发展。因此，双方应提高沟通意识，认识到彼此合作的重要性，尊重彼此的角色和贡献。家长应主动与教师建立联系，关注孩子在学校的学习和生活情况，同时教师也应积极回应家长的关切，共同关注孩子的成长。

（二）多渠道沟通，丰富交流方式

家长和教师可以利用多种渠道进行沟通，如家长会、家访、电话、短信、微信等。这些渠道可以满足双方不同的沟通需求，使交流更加便捷和高效。同时，还可以通过家长委员会、家长教师协会等组织进行集体沟通，增进相互了解和支持。

（三）定期交流，制订个性化教育计划

家长和教师应当定期交流，了解孩子在学校和家庭中的表现和需求。通过交流，教师可以向家长反馈孩子的学习情况，家长也可以向教师反映孩子在家庭中的情况。双方可以共同制订个性化教育计划，针对孩子的特点和需求进行有针对性的教育。

（四）关注孩子心理健康，加强情感沟通

除了学业成绩，孩子的心理健康也是家长和教师应当关注的重要方面。双方应加强情感沟通，关注孩子的情绪变化和心理需求。当孩子遇到困难时，家长和教师应及时给予关心和支持，鼓励孩子勇敢面对困难，培养积极向上的心态。

（五）建立信任关系，共同解决问题

家长和教师在沟通过程中应建立信任关系，相互尊重、理解和支持。当双方遇到问题时，应共同探讨解决方案，协商最佳的教育方式。同时，双方应积极传递正面信息，共同营造良好的教育环境。在解决问题的过程中，双方应注重沟通和协商，避免单方面决定或指责对方。通过建立信任关系，家长和教师能够更好地合作，共同为孩子的成长提供支持。

（六）加强家校合作，促进教育一致性

家长和教师应加强家校合作，共同参与孩子的教育过程。通过合作，双方可以更好地了解孩子的需求和特点，制订更符合实际情况的教育计划。同时，家校合作还可以促进教育一致性，确保孩子在不同场合接受到相同的教育理念和方法。这有助于提高教育的效果和质量，促进孩子的全面发展。

（七）培训与支持，提高沟通技能和质量

为了提高家长和教师的沟通技能和质量，相关部门可以提供培训和支持。培训内容可以包括沟通技巧、家庭教育方法、学校教育理念等方面。通过培训，家长和教师可以更好地了解彼此的角色和需求，提高沟通效果和质量。此外，还可以提供一些支持措施，如设立家长教师热线、提供家庭教育咨询等，以满足双方在沟通中的实际需求。

促进家长与教师之间的有效沟通和互动对于孩子的全面发展至关重要。通过提高沟通意识、多渠道沟通、定期交流、关注孩子心理健康、建立信任关系、加强家校合作以及培训与支持等措施，可以促进家长与教师之间的有效沟通和互动。在实际操作中，需要结合具体情况灵活运用不同的方法和策略，以实现更高效、更密切的家校合作和教育协同发展。

# 第四节　开展多样化的家校互动活动，促进其深度合作

## 一、组织家长参与学校教学活动

（一）家长参与学校教学活动的重要性

1.增强家校互动与合作

家长参与学校教学活动，有助于增强家校之间的互动与合作。家长通过参与可以更加了解学校的教育理念、教学方法和课程设置，从而更好地配合学校的教育工作。同时，学校也能通过与家长的交流，了解家长对教育的需求和意见，进一步完善教育教学工作。

2.提高教育教学质量

家长参与学校教学活动，可以丰富教育资源，提高教学质量。家长来自不同的行业和背景，他们可以为学校带来多样化的知识和经验。通过家长的参与，孩子们可以接触到更多的信息和知识，提高学习效果。

3.增强家长对孩子的关注与陪伴

家长参与学校教学活动，可以增强对孩子的关注与陪伴。家长通过参与孩子的学校生活，可以更深入地了解孩子的成长状况，与孩子建立更紧密的联系。这有助于培养孩子的自信心和自尊心，促进孩子的身心健康发展。

（二）如何组织家长参与学校教学活动

1.建立有效的沟通机制

组织家长参与学校教学活动的前提是建立有效的沟通机制。学校可以通过定期召开家长会、家长代表会议、家长教师协会等方式，与家长进行充分沟通

和协商。同时，利用现代信息技术手段如微信群、电子邮件等渠道，保持与家长的实时联系，及时传递教学活动的信息和通知。

2.制订明确的活动计划和方案

为了确保家长参与学校教学活动的效果，应制订明确的活动计划和方案。在制定方案时，应充分考虑教学活动的主题、时间、地点、参与人员、活动流程等因素，明确每个环节的具体要求和目标。同时，要根据孩子的年龄和心理特点，设计具有趣味性和教育性的活动内容，吸引家长的积极参与。

3.鼓励家长主动参与

在组织家长参与学校教学活动的过程中，应鼓励家长主动参与。通过宣传教育理念和活动意义，提高家长对活动的认识和参与意愿。同时，学校可以设立"家长志愿者"等岗位，让家长有机会参与到学校的日常管理中来，发挥他们的专长和优势，为学校的发展贡献力量。

4.提供必要的支持和培训

为了确保家长能够有效地参与到学校教学活动中来，学校应提供必要的支持和培训。比如为家长提供相关的教育资源和参考资料，邀请专业人士为家长进行教育培训等。此外，学校还可以为家长提供一些便利措施如休息室、餐饮等，让家长在参与活动的过程中感受到学校的关怀和支持。

5.及时总结和反馈

在家长参与学校教学活动结束后，应及时进行总结和反馈。通过收集家长的意见和建议，分析活动中存在的问题和不足之处，为今后的活动提供借鉴和改进方向。同时，对活动中表现优秀的家长进行表彰和奖励，树立榜样作用，激励更多的家长积极参与学校教学活动。

（三）实施策略与建议

1.强化家校合作意识：通过宣传和教育增强学校和家长的合作意识，让双方都认识到彼此合作对于孩子成长的重要性。

2.建立稳定的家校联系渠道：保持与家长的长期联系，及时传递信息，解答疑问，增进双方之间的信任和理解。

3.提供多样化的参与方式：根据家长的实际情况和需求，提供多样化的参与方式。比如有些家长可能无法参加现场活动，但可以通过网络平台参与到活动中来。

## 二、开展家长志愿者活动

（一）家长志愿者活动的重要性

1.增强家校互动与合作

家长志愿者活动是增强家校互动与合作的有效途径。通过参与活动，家长可以更加了解学校的教育理念、教学方法和课程设置，同时也可以与学校的教育工作者进行深入交流，共同探讨孩子的教育问题。这种互动与合作有助于增进相互理解和信任，形成教育合力。

2.提高教育教学质量

家长志愿者可以为学校提供丰富的资源和支持，有助于提高教育教学质量。他们可以协助教师进行教学辅助工作，帮助孩子们解决学习和生活中的问题。同时，家长志愿者也可以为学校提供行业经验和专业知识，丰富课程内容，为孩子们提供更加全面的教育。

3.培养孩子的社会责任感和团队协作能力

家长志愿者活动不仅可以让孩子们感受到家长的关爱和支持，还可以培养他们的社会责任感和团队协作能力。通过参与活动，孩子们可以学会感恩、尊重他人，同时也可以在团队合作中培养沟通能力和解决问题的能力。

（二）如何开展家长志愿者活动

1.制定详细的策划方案

为了确保家长志愿者活动的顺利进行，需要制定详细的策划方案。策划方案应包括活动的目的、时间、地点、参与人员、活动流程等内容。同时，还要明确每个环节的具体要求和目标，为活动的组织和实施提供指导。

2.宣传和招募家长志愿者

在制定好策划方案后，要积极宣传和招募家长志愿者。可以通过家长会、家长教师协会等渠道进行宣传，鼓励有意愿和能力的家长参与其中。同时，也可以在社区、学校网站等平台发布招募信息，扩大招募范围。在招募过程中要积极与家长沟通，解答疑问，增强他们的参与意愿。

3.分工和培训家长志愿者

在招募到家长志愿者后，要根据活动内容和要求进行分工和培训。根据家长的特长和兴趣，分配他们担任不同的角色和任务。同时，要对家长志愿者进行必要的培训，让他们了解活动流程、注意事项和应急处理方法等。这有助于确保活动的顺利进行和达到预期效果。

4.组织和管理活动过程

在活动过程中，要注重组织和管理。要设立负责人和小组长等职位，明确职责和任务。在活动过程中要及时跟进进度、协调资源、处理问题，确保活动的顺利进行。同时，还要做好记录和总结工作，收集反馈意见和建议，为今后的活动提供参考和改进方向。

5.评估和反馈活动效果

在活动结束后，要对活动效果进行评估和反馈。要收集参与者的意见和建议，分析活动的优点和不足之处。针对存在的问题和不足之处要及时进行总结和改进，不断提高活动的质量和效果。同时，还要将评估结果向家长进行反馈，让他们了解活动的成果和需要改进的地方。这有助于增强家长的参与意愿并加大支持力度。

## 三、举办家长会和教师见面会

（一）家长会和教师见面会的重要性

1.增强家校互动与合作

家长会和教师见面会为家长和教师提供了一个交流和互动的平台。通过会议上的交流和沟通，家长可以更加了解学校的教育理念、教学方法和课程设置，同时也可以与学校的教育工作者进行深入交流，共同探讨孩子的教育问题。这种互动与合作有助于增进相互理解和信任，形成教育合力。

2.提高教育教学质量

家长会和教师见面会可以为学校提供更多的资源和支持，有助于提高教育教学质量。在家长会上，教师可以向家长介绍孩子的学习情况和表现，同时也可以听取家长的意见和建议。家长也可以向教师了解孩子的在校表现和学习情况，为孩子的教育提供更多的支持和帮助。此外，教师还可以通过与家长的交流，发现教育教学中的问题，及时进行调整和改进。

### 3.促进孩子健康成长

家长会和教师见面会可以为孩子提供更多的关注和支持。在会议上，家长可以了解孩子在学校的表现和学习情况，为孩子的成长提供更多的支持和帮助。同时，教师也可以了解孩子的家庭背景和成长环境，更好地关注孩子的个性发展。这种关注和支持有助于孩子的健康成长和发展。

### （二）如何举办家长会和教师见面会

#### 1.确定会议时间和地点

为了确保家长会和教师见面会的顺利进行，需要提前确定会议时间和地点。时间要尽量安排在家长和教师都方便的时间段内，地点则要选择一个宽敞、舒适且符合会议主题的场所。同时，还要考虑会议的规模和参与人数，以便合理安排会议场所和座位。

#### 2.确定会议议程和内容

在确定会议时间和地点后，需要确定会议议程和内容。议程要包括会议的主题、时间安排、参与人员、发言顺序等。内容则要围绕主题展开，包括孩子的学习情况、表现和发展趋势等。同时，还要考虑如何有效地展示孩子的成果和进步，以便让家长更好地了解孩子在学校的情况。

#### 3.准备相关资料和设备

为了更好地展示孩子的学习情况和成果，需要提前准备相关资料和设备。资料包括学生的作业、考试成绩、作品等，设备则包括投影仪、音响、展示板等。此外，还要准备茶水和点心等物品，以便让参与者在会议期间能够舒适地交流和沟通。

#### 4.组织和管理会议过程

在会议当天，要组织和管理好会议过程。要安排专人负责签到和接待工作，确保参与者的到场时间和座位安排无误。在会议过程中，要安排专人负责记录和拍摄照片，以便留存会议纪要和宣传报道。同时，还要注意会议进程的节奏和氛围的调节，确保会议的顺利进行。

5.做好会议总结和反馈工作

在会议结束后，要做好会议总结和反馈工作。要整理会议记录和照片等相关资料，撰写会议纪要并向参与者进行反馈。同时，还要对会议的效果进行评估和总结，分析存在的问题和不足之处，以便今后更好地举办类似的活动。

## 四、加强家长与学校管理层的互动与合作

（一）家长与学校管理层互动与合作的重要性

1.增强家校相互理解和信任

家长与学校管理层的互动与合作有助于增强家校相互理解和信任。通过互动与合作，家长可以更加了解学校的教育理念、教育教学质量等情况，学校管理层也可以更加了解家长对孩子的教育需求和期望。这种相互理解和信任有助于形成教育合力，共同促进学生的发展。

2.提高教育教学质量

家长与学校管理层的互动与合作可以促进教育教学质量的提高。家长可以通过与学校管理层的交流，了解学校的教育教学情况，为孩子的教育提供更多的支持和帮助。同时，学校管理层也可以通过与家长的交流，发现教育教学中的问题，及时进行调整和改进。这种互动与合作有助于提高教育教学质量，促进学生的全面发展。

3.促进学生的健康成长

家长与学校管理层的互动与合作可以为学生提供更加全面和个性化的教育支持。通过互动与合作，家长可以更好地了解孩子的在校表现和学习情况，为孩子的成长提供更多的支持和帮助。同时，学校管理层也可以更加关注孩子的个性发展，为孩子提供更加适合的教育教学方式。这种关注和支持有助于学生的健康成长和发展。

（二）如何加强家长与学校管理层的互动与合作

1.建立有效的沟通机制

加强家长与学校管理层的互动与合作需要建立有效的沟通机制。学校可以

定期组织家长会、座谈会等活动，邀请家长代表参与学校的管理和决策，让家长更加了解学校的教育教学情况。同时，家长也可以通过这些活动与学校管理层进行面对面的交流和沟通，反映孩子在家庭中的表现和需求。这种有效的沟通机制有助于增强家校相互理解和信任，形成教育合力。

2.开展多样化的合作方式

加强家长与学校管理层的互动与合作需要开展多样化的合作方式。除了传统的家长会、座谈会等活动外，还可以通过家长志愿者、家长进课堂等方式让家长更加深入地参与到学校的教育教学中。同时，学校也可以组织一些亲子活动，增进家长与孩子之间的感情和相互了解。这些多样化的合作方式有助于增强家校之间的联系和互动，促进学生的健康成长。

3.共享教育资源

加强家长与学校管理层的互动与合作需要共享教育资源。学校可以邀请家长参与学校的课程开发和教学辅导，充分利用家长的职业优势和经验，为孩子提供更加丰富和实用的教育资源。同时，家长也可以通过参与学校的课程开发和教学辅导，更加了解孩子的在校表现和学习情况，为孩子的教育提供更多的支持和帮助。这种共享教育资源的做法有助于促进学生的全面发展，提高教育教学质量。

4.建立评价和反馈机制

加强家长与学校管理层的互动与合作需要建立评价和反馈机制。在合作过程中，要定期对合作效果进行评价和反馈，及时发现和解决问题，不断改进和完善合作方式。评价和反馈可以通过问卷调查、访谈等方式进行，以便更好地了解家长和学校的意见和建议，共同推动合作的深入发展。

（三）实施策略与建议

1.建立良好的合作关系

加强家长与学校管理层的互动与合作需要建立良好的合作关系。在合作过程中，要尊重彼此的意见和建议，相互理解和信任，共同推动合作的深入发展。同时还要注重维护合作的稳定性和持续性，确保合作的长期效益。

2.注重实效性

加强家长与学校管理层的互动与合作需要注重实效性。在合作过程中，要注重解决实际问题，提高合作效果。同时，还要注重合理分配时间和精力，避免形式主义和走过场等现象的发生。

# 五、鼓励家长参与学生课外活动和成长辅导

（一）家长参与学生课外活动和成长辅导的重要性

1.增强家庭与学校之间的联系

鼓励家长参与学生的课外活动和成长辅导可以增强家庭与学校之间的联系。通过参与学生的课外活动，家长可以更加了解学生在学校的表现和学习情况，同时也可以更加了解学校的教育理念和教育方式。这种联系有助于家长更好地指导孩子的成长和发展，同时也有助于学校更好地了解学生的家庭背景和需求，为孩子提供更加个性化的教育服务。

2.提高教育质量

家长参与学生的课外活动和成长辅导可以提高教育质量。一方面，家长可以为学生提供更多的学习资源和支持，帮助学生更好地掌握知识；另一方面，家长也可以为学校提供更多的反馈和建议，帮助学校改进教育教学方式。这种互动与合作有助于提高教育教学的针对性和有效性，提高教育质量。

3.促进学生的个人成长和发展

家长参与学生的课外活动和成长辅导可以促进学生的个人成长和发展。通过参与学生的课外活动和成长辅导，家长可以更好地了解孩子的兴趣爱好和个性特点，为孩子提供更加适合的教育方式和支持。同时，家长的参与也可以培养学生的责任感和团队合作能力，提高学生的综合素质。

（二）如何鼓励家长参与学生课外活动和成长辅导

1.定期组织家长交流会

定期组织家长交流会是一种有效的鼓励家长参与学生课外活动和成长辅导的方式。在交流会上，学校可以向家长介绍学校的办学理念、教育教学情况以及学生的表现和学习情况，同时也可以听取家长的意见和建议，加强家校之间

的沟通和互动。此外，在交流会上，学校还可以邀请一些专家或教师为家长提供成长辅导和教育方法的指导，提高家长的教育素养和指导能力。

2.开展多样化的课外活动

开展多样化的课外活动可以吸引家长的参与，增强家校之间的联系。学校可以组织一些有益的课外活动，如文艺比赛、科技竞赛、社会实践等，鼓励学生积极参与。同时，学校还可以邀请家长参与其中，与学生一起分享快乐和成长。此外，学校还可以为家长提供一些亲子活动和教育体验活动，增进亲子之间的感情和相互了解。

3.建立家长志愿者机制

建立家长志愿者机制可以鼓励家长积极参与学生的课外活动和成长辅导。学校可以邀请有意愿的家长成为志愿者，参与到学校的各项活动中来。例如，有些家长可以在学校图书馆担任志愿者，帮助学生借阅图书和管理图书；有些家长可以在学校安全保卫方面担任志愿者，协助学校维护校园安全等。这种机制不仅可以增强家校之间的联系和互动，还可以为学生提供更多的学习和成长机会。

4.建立有效的评价和反馈机制

建立有效的评价和反馈机制可以鼓励家长持续参与学生的课外活动和成长辅导。在评价方面，学校可以通过问卷调查、访谈等方式了解家长对学校教育的评价和建议；在反馈方面，学校可以将学生的学习情况和表现及时反馈给家长，同时也可以听取家长的意见和建议来改进教育教学方式。这种评价和反馈机制有助于提高教育质量，促进学生的个人成长和发展。

（三）实施策略与建议

1.加强宣传和推广

加强宣传和推广可以增强家长对学校教育和课外活动的了解和认识。学校可以通过宣传栏、网站、微信群等方式向家长宣传学校的办学理念、教育教学情况以及学生的表现和学习情况等。同时，也可以通过这些渠道向家长宣传课外活动和成长辅导的重要性，鼓励家长积极参与学生的教育和成长过程。

2.提供必要的支持和帮助

为鼓励家长参与学生课外活动和成长辅导，学校可以为家长提供必要的支持和帮助。例如，可以为家长提供相关的教育资源和指导手册，帮助家长更好地参与到学生的课外活动中来；同时，也可以为家长提供一些便利和支持条件，如提供场地、器材等基础设施以及安排相关的工作人员给予协助等。

# 第五节　加强教师与家长之间的联系与合作，共同促进学生的发展

## 一、建立定期联系机制，加强教师与家长之间的沟通

（一）教师与家长沟通的重要性

1.提高教育质量

教师与家长之间的沟通可以促进学校与家庭之间的合作，提高教育质量。通过沟通，教师可以了解学生在家庭中的表现和学习情况，从而更好地指导学生的学习。同时，家长也可以了解学生在学校的表现和学习情况，为孩子的成长提供更好的支持。这种合作可以提高教育教学的针对性和有效性，提高教育质量。

2.促进学生的个人成长和发展

教师与家长之间的沟通可以促进学生的个人成长和发展。通过沟通，教师可以了解学生的兴趣爱好和个性特点，为孩子提供更加适合的教育方式和支持。同时，家长也可以了解孩子的成长需求和学校的教育理念，为孩子提供更好的家庭教育。这种沟通有助于培养学生的责任感和团队合作能力，提高学生的综合素质。

3.增强家庭与学校之间的联系

教师与家长之间的沟通可以增强家庭与学校之间的联系。通过沟通，教师可以了解家长的意见和建议，为改进教育教学方式提供参考。同时，家长也可以了解学校的教育理念和教育方式，更好地指导孩子的成长。这种联系有助于

加强家校之间的沟通和互动，形成教育合力。

（二）如何建立定期联系机制

1.制定定期联系制度

制定定期联系制度是建立定期联系机制的基础。学校可以规定教师与家长每学期进行定期联系的次数和时间，确保沟通的顺利进行。同时，学校还可以制定相关的制度和规范，明确教师与家长在沟通中的责任和义务。通过制度的约束和规范，可以促进教师与家长之间的有效沟通。

2.建立多元化沟通渠道

建立多元化沟通渠道可以方便教师和家长之间的沟通。除了传统的家长会、家访、电话等方式外，学校还可以利用现代信息技术手段，如微信、QQ等建立多元化的沟通渠道。通过多元化的沟通渠道，教师可以及时了解学生在家庭中的情况，家长也可以及时了解学生在学校的情况，促进双方的沟通和互动。

3.设立家长教师协会

设立家长教师协会可以加强教师与家长之间的联系和合作。协会可以由家长和教师共同组成，定期举行会议，就学生的教育问题、学校的发展等进行讨论和交流。通过协会的活动和交流，可以增进教师与家长之间的相互了解和信任，促进双方的沟通和合作。

4.加强教师与家长之间的互相支持

加强教师与家长之间的互相支持是建立定期联系机制的关键。教师需要关注和支持学生的家庭背景和成长环境，家长也需要关注和支持孩子在学校的学习和发展。在沟通过程中，教师和家长应该相互理解和支持，共同探讨学生的教育问题，形成教育合力。同时，教师和家长还应该注重互相学习和交流，不断提高自身的教育素养和指导能力。

（三）实施策略与建议

1.加强宣传和培训

加强宣传和培训可以增强教师和家长对定期联系机制的认识和理解。学校可以通过宣传栏、网站、微信群等方式向家长宣传定期联系机制的重要性和实施方式；同时，也可以组织相关的培训课程和讲座等，提高教师和家长的沟通技巧和合作能力。

2.建立反馈和评估机制

建立反馈和评估机制可以促进教师与家长之间的有效沟通。在反馈方面，学校可以要求教师在沟通过程中及时反馈学生的学习情况和表现；在评估方面，学校可以定期组织评估活动对定期联系机制的实施效果进行评估和总结，不断完善和提高该机制的有效性和实施效果。

## 二、鼓励家长积极参与学生成长过程，关注学生个性化发展

（一）家长参与学生成长过程的重要性

1.促进学生的个性发展

家长是孩子最重要的导师之一，他们的言传身教和家庭氛围对孩子的个性发展有着深远的影响。鼓励家长积极参与学生成长过程，可以让家长更加了解孩子的兴趣、特长和需求，从而为孩子提供更加个性化的教育和支持。这种个性化的教育可以帮助孩子更好地发挥自己的潜力，促进学生的个性发展。

2.增强家校之间的合作

鼓励家长参与学生成长过程，可以增强学校与家庭之间的合作。通过与家长的沟通和交流，教师可以更加全面地了解学生的情况，为孩子提供更加有针对性的教育。同时，家长也可以更加了解学校的教育理念和教育方式，为孩子的成长提供更好的家庭教育。这种合作可以形成教育合力，共同促进学生的成长。

3.提高学生的学习效果

家长参与学生成长过程，可以帮助学生更好地理解学习的重要性和目标。通过与家长的交流和讨论，学生可以更加清晰地认识到自己的学习目标和方向，从而提高学习效果。同时，家长也可以更好地了解孩子的学习情况和学习需求，为孩子提供更加有效的支持和帮助。

（二）如何鼓励家长积极参与学生成长过程

1.建立有效的沟通渠道

建立有效的沟通渠道是鼓励家长积极参与学生成长过程的基础。学校可以

通过定期的家长会、家访、电话等方式与家长保持联系和沟通。同时，也可以利用现代信息技术手段，如微信、QQ 等建立多元化的沟通渠道，方便家长与学校的沟通和互动。通过这些沟通渠道，学校可以及时向家长反馈学生的学习情况和表现，家长也可以及时了解孩子在学校的情况。

2.提供个性化的家庭教育支持

学校可以针对不同学生的特点和需求，为家长提供个性化的家庭教育支持。例如，针对学生的学习特点和需求，为家长提供有针对性的学习方法和技巧；针对学生的心理特点和问题，为家长提供心理辅导和支持等。这些个性化的支持可以帮助家长更好地了解孩子的需求和学习情况，为孩子提供更好的家庭教育。

3.组织亲子活动和家庭日

学校可以定期组织亲子活动和家庭日，让家长和孩子一起参与到活动中来。通过这些活动，可以让家长更加了解孩子的兴趣爱好和学习情况，同时也可以促进家庭成员之间的互动和交流。这些活动可以包括亲子运动、手工制作、亲子阅读等，让家长和孩子一起度过愉快的时光。

4.培养家长的参与意识和能力

学校可以定期组织培训课程和讲座，培养家长的参与意识和能力。通过这些培训课程和讲座，可以让家长更加了解学校的教育理念和教育方式，同时也可以提高家长的参与能力和指导能力。这些培训课程和讲座可以包括如何与孩子沟通、如何帮助孩子学习、如何引导孩子自主思考等。

（三）实施策略与建议

1.加强宣传和推广

加强宣传和推广可以增强家长对参与学生成长过程的认识和理解。学校可以通过宣传栏、网站、微信群等方式向家长宣传参与学生成长过程的重要性和实施方式；同时，也可以通过家长会、家访等机会向家长推广参与学生成长过程的经验和成果。

2.建立反馈和评估机制

建立反馈和评估机制可以促进家长参与学生成长过程的持续发展。在反馈方面，学校可以要求教师在沟通过程中及时反馈学生的学习情况和表现；在评估方面，学校可以定期组织评估活动，对家长参与学生成长过程的实施效果进行评估和总结，不断完善和提高该机制的有效性和实施效果。同时，也可以通过问卷调查等方式收集家长的意见和建议，不断改进和完善实施策略，提高家长的参与度和满意度。

## 三、加强对学生家庭背景和情况的了解和分析，制定有针对性的教育措施

在学生的成长过程中，家庭环境和背景对学生的个性发展和学习效果有着深远的影响。了解学生的家庭背景和情况，可以帮助教师更好地理解学生的个性特点和学习需求，为孩子提供更加个性化的教育措施。

（一）加强对学生家庭背景和情况了解的重要性

1.促进学生的个性发展

了解学生的家庭背景和情况可以帮助教师更好地理解学生的个性特点和学习需求。针对不同家庭背景和情况的学生，教师可以制定更加个性化的教育措施，促进学生的个性发展。例如，对于来自贫困家庭的学生，教师可以提供更多的经济支持和辅导，帮助他们克服生活和学习中的困难；对于来自单亲家庭的学生，教师可以关注他们的情感需求，提供更多的关爱。

2.提高学生的学习效果

了解学生的家庭背景和情况可以帮助教师更好地了解学生的学习习惯、学习能力和学习需求。针对不同背景和情况的学生，教师可以制定更加有针对性的教学策略，提高学生的学习效果。例如，对于学习基础较差的学生，教师可以提供更多的辅导和补课；对于学习压力较大的学生，教师可以提供更多的心理支持。

3.加强家校之间的合作

了解学生的家庭背景和情况可以加强学校与家庭之间的合作。通过与家长的沟通和交流，教师可以更加全面地了解学生的情况，为孩子提供更加有针对性的教育。同时，家长也可以更加了解学校的教育理念和教育方式，为孩子的成长提供更好的家庭教育。这种合作可以形成教育合力，共同促进学生的成长。

（二）如何加强对学生家庭背景和情况的了解和分析

1.建立完善的档案管理制度

学校可以建立完善的档案管理制度，为每个学生进行家庭背景和情况的信息采集和整理。这些信息可以包括学生的家庭成员、家庭经济状况、父母职业、家庭氛围等。通过建立这些档案信息，教师可以更好地了解学生的家庭背景和情况，为制定个性化的教育措施提供依据。

2.定期进行家访和家长会

定期进行家访和家长会是加强对学生家庭背景和情况了解的重要途径。通过家访和家长会，教师可以与家长进行面对面的沟通和交流，了解学生在家庭中的表现和学习情况。同时，教师也可以向家长反馈学生的学习情况和表现，与家长共同探讨如何更好地帮助学生成长。

3.关注学生的情感需求

情感需求是学生在成长过程中普遍存在的需求之一。教师可以通过观察学生的情感变化、与学生进行沟通交流、关注学生的心理健康等方式，了解学生的情感需求。针对不同情感需求的学生，教师可以制定不同的教育措施，帮助他们克服情感上的困难，促进他们的健康成长。

4.分析学生个体差异

每个学生都是独一无二的个体，他们有着不同的家庭背景、学习能力和学习需求。教师可以通过分析学生个体差异的方式，了解每个学生的特点和学习需求。针对不同特点和学习需求的学生，教师可以制定不同的教学策略和教育措施，提高学生的学习效果和个人发展。

（三）实施策略与建议

1.加强对教师的培训和支持

了解学生的家庭背景和情况并制定针对性的教育措施，需要教师具备相应的专业知识和技能。学校可以加强对教师的培训和支持，提高教师的专业素养和能力，使他们能够更好地了解和分析学生的家庭背景和学习情况，制定出更加有效的教育措施。

2.建立良好的沟通机制

建立良好的沟通机制是加强对学生家庭背景和情况了解的基础。学校可以通过多种渠道与家长保持联系和沟通，及时了解学生在家庭中的表现和学习情况；同时向家长反馈学生的学习情况和进步，让家长更加了解孩子的成长和发展。

## 四、发挥教师的主导作用，引导家长正确理解和参与学生的教育过程

（一）教师主导作用的发挥

1.引导家长正确理解教育理念

不同的家庭有不同的教育理念，这对学生的成长和发展有着深远的影响。教师作为专业的教育工作者，应当引导家长正确理解教育理念，树立科学的家庭教育观念。例如，教师可以组织家长分享会，让家长分享自己的教育经验和方法，同时引导家长关注学生的情感需求和个性发展，避免过度追求成绩和过度保护。

2.指导家长参与学生的教育过程

家长参与学生的教育过程是提高教育质量的重要途径。然而，许多家长缺乏参与学生教育过程的经验和方法。教师可以指导家长如何参与学生的教育过程，如定期与家长沟通学生的情况、指导家长如何辅导孩子的学习、邀请家长参与学校的活动等。这些措施可以帮助家长更好地了解学生的学习情况和需求，提高家庭教育的效果。

3.鼓励家长与学校建立良好的合作关系

学校和家庭是学生学习和成长的重要场所，二者之间的合作关系对学生的成长和发展有着重要的影响。教师应当鼓励家长与学校建立良好的合作关系，共同参与学生的教育过程。例如，教师可以邀请家长参与学校的决策和管理、组织家长志愿者协助学校的工作、与家长共同制订学生的成长计划等。这些措施可以增强家长对学校教育的信任和支持，共同促进学生的成长和发展。

（二）案例分析与应用

为了更好地说明如何发挥教师的主导作用，引导家长正确理解和参与学生

的教育过程，以下将结合具体案例进行分析和应用。

案例一：小明的转危为机

小明是一名成绩优秀的学生，但在家庭中经常因为一些小事与父母发生矛盾。最近一次矛盾后，小明离家出走，情绪低落。教师发现这一情况后，主动与小明的父母沟通，引导他们关注孩子的情感需求和个性特点，同时建议他们与孩子建立良好的沟通和信任关系。经过一段时间的努力，小明与父母的关系得到了改善，他的学习状态也得到了提升。

案例二：小红的自信心重建

小红是一名成绩中等的学生，她一直努力提高自己的成绩，但效果不佳。她的父母对她的期望很高，经常给她施加压力。教师了解到这一情况后，与小红的父母进行了深入的沟通，引导他们关注孩子的情感需求和个性特点，同时建议他们给孩子更多的鼓励和支持。在父母的帮助下，小红逐渐建立了自信心，学习成绩也有了明显的提升。

（三）实施策略与建议

1.加强教师与家长的沟通和合作

教师与家长之间的沟通和合作是发挥教师主导作用的关键。学校可以建立多种形式的沟通和合作机制，如定期召开家长会、组织家长志愿者活动、开设家长课堂等。这些措施可以提高家长的参与度和信任度，增强教师与家长之间的合作关系。

2.提供有针对性的指导和支持

不同年级、不同家庭背景的学生有不同的需求和问题。教师应当根据学生的实际情况提供有针对性的指导和支持。例如，对于低年级的学生，教师可以指导家长如何培养孩子的学习习惯和学习方法；对于高年级的学生，教师可以引导家长关注孩子的情感需求和职业规划。

# 第四章　家校合作模式在初中教学管理中的应用

## 第一节　家校合作模式下初中教学的特点与优势

### 一、家校合作模式下初中教学的特点

（一）家校合作模式的意义

1.增强教育合力

家校合作模式可以有效地增强教育合力。在传统的教育模式下，学校和家庭各自承担着不同的教育任务，但往往缺乏有效的沟通和协作。家校合作模式通过加强学校和家庭之间的沟通与合作，将家庭的教育力量与学校的教育力量相结合，形成了一种更为强大的教育合力。

2.促进学生的全面发展

家校合作模式可以促进学生的全面发展。学校的教育侧重于知识和技能的培养，而家庭的教育则侧重于人格和品德的培养。家校合作模式通过将两者相结合，可以有效地培养学生的知识、技能、品德和人格等多方面的素质，促进学生的全面发展。

3.提高教育质量

家校合作模式可以提高教育质量。学校和家庭都是学生成长的重要环境，二者之间的合作可以更好地了解学生的特点和需求，根据学生的实际情况制订更为科学合理的教学计划和教育方案，从而提高教育质量和教学效果。

（二）家校合作模式下初中教学的特点

1.强调学生主体地位

家校合作模式下，初中教学更加注重学生的主体地位。学校和家庭都是为了促进学生的成长和发展，因此在教学活动中要充分尊重学生的个性差异和需求，发挥学生的主观能动性，引导学生积极主动地参与到教学活动中来。同时，还要注重培养学生的自主学习能力和自我管理能力，让学生成为自己学习的主人。

2.多元化教学方式

家校合作模式下，初中教学采用多元化的教学方式。除了传统的课堂教学方式之外，还可以采用家庭教育、社会实践、志愿服务等多种形式的教学方式。这些多元化教学方式可以更好地满足学生的需求和兴趣爱好，提高学生的学习兴趣和积极性，同时也可以更好地促进学生的全面发展。

3.丰富教学内容

家校合作模式下，初中教学内容更加丰富。除了传统的知识传授之外，还可以引入生活化、实践化的教学内容，如社会热点问题、文化传承、环保意识等方面的内容。这些教学内容可以更好地拓宽学生的视野和知识面，培养学生的综合素质和社会责任感。

4.关注学生情感需求

家校合作模式下，初中教学更加关注学生的情感需求。初中阶段是学生青春期的重要时期，学生面临着生理、心理等方面的变化和挑战。因此，在教学活动中要注重关注学生的情感需求和心理变化，加强与学生之间的沟通和交流，及时解决学生在学习和生活中遇到的问题和困难。同时，还要注重培养学生的情感表达能力和情感调控能力，帮助学生建立积极健康的心态和情感态度。

5.注重家校沟通与协作

家校合作模式下，初中教学注重家校之间的沟通与协作。学校和家庭要建立有效的沟通和协作机制，及时交流学生的学习情况和生活状况，共同制订科学合理的教学计划和教育方案。同时，还要注重对家长的指导和帮助，提高家长的教育水平和参与度，共同促进学生的成长和发展。

家校合作模式下初中教学具有强调学生主体地位、多元化教学方式、丰富教学内容、关注学生情感需求和注重家校沟通与协作等特点。为了更好地发挥家校合作模式的作用和效果，建议学校和家庭要建立有效的沟通和协作机制，共同参与到学生的教育中来；同时还要注重对家长的指导和帮助提高家长的教育水平和参与度；最后还要注重培养学生的自主学习能力和自我管理能力，让学生成为自己学习的主人。

## 二、家校合作模式下初中教学的优势

### （一）增强教育合力

家校合作模式是一种创新的教育方式，通过加强学校和家庭之间的沟通与合作，将家庭的教育力量与学校的教育力量相结合，形成了一种更为强大的教育合力。这种合力能够更好地促进学生的成长和发展，提高教育质量和教学效果。

在传统的教育模式下，学校和家庭各自承担着不同的教育任务，但往往缺乏有效的沟通和协作。学校的教育主要集中在课堂教学和校园活动上，而家庭的教育则主要集中在家庭氛围和日常生活中的言行举止上。虽然学校和家庭都是教育的重要场所，但它们之间的联系并不紧密，缺乏有效的沟通和协作。

通过家校合作，学校和家庭可以更好地了解学生的情况，共同制订教育计划和目标，共同参与学生的学习和生活，共同关注学生的身心健康和全面发展。

家校合作模式还可以促进学校和家庭的相互理解和信任。通过加强沟通和合作，学校和家庭可以更好地了解彼此的工作和责任，增强相互信任和理解。这种理解和信任可以促进学校和家庭之间的合作更加紧密，形成更好的教育环境。

总之，家校合作模式是一种创新的教育方式，通过加强学校和家庭之间的沟通与合作，将家庭的教育力量与学校的教育力量相结合，形成了一种更为强大的教育合力。这种合力能够更好地促进学生的成长和发展，提高教育质量和教学效果。

### （二）促进学生的全面发展

家校合作模式不仅加强了学校与家庭之间的联系与合作，更有效地促进了学生的全面发展。

学校的教育侧重于知识和技能的培养，通过课堂教育、实践操作、课外活动等方式，帮助学生掌握各种基础知识和专业技能，提高学生的学术能力和职业素养。而家庭的教育则侧重于人格和品德的培养，通过家庭的氛围、父母的言传身教、家庭活动等方式，培养学生的道德品质、行为习惯、自主性、责任感等非学术性素养。

家校合作模式通过将两者相结合，可以有效地培养学生的知识、技能、品德和人格等多方面的素质。学校和家庭的教育力量相互补充，形成一种综合性的教育力量，使学生不仅在学术上得到提高，而且在人格和品德上也得到全面的培养。

同时，家校合作模式下的多元化教学方式和丰富的教学内容也可以更好地满足学生的需求和兴趣爱好。学校可以开展各种形式的课外活动、社会实践、职业体验等，让学生有机会接触到更多的领域和知识，拓宽学生的视野和知识面。而家庭也可以通过亲子阅读、手工艺、户外活动等方式，丰富学生的日常生活，培养学生的兴趣爱好和特长。

这些多元化的教学方式和丰富的教学内容，不仅可以提高学生的学习兴趣和积极性，培养学生的综合素质；还可以帮助学生更好地了解社会和职业，培养学生的社会责任感和职业意识。

总之，家校合作模式可以促进学生的全面发展，培养学生的知识、技能、品德和人格等多方面的素质。同时，也可以满足学生的个性化需求，提高学生的学习兴趣和积极性，培养学生的综合素质和社会责任感。这种教育模式不仅可以提高教育的效果和质量，还可以为学生的未来发展打下坚实的基础。

（三）提高教育质量

家校合作模式可以提高教育质量，这一观点得到了越来越多的关注和认可。

学校和家庭都是学生成长的重要环境，二者之间的合作可以更好地了解学生的特点和需求。通过家校合作，学校可以更全面地了解学生的家庭背景、成长经历、个性特点等，从而更好地制订教学计划和教育方案，满足学生的个性化需求。同时，家长也可以更好地了解学生在学校的学习情况和表现，从而更好地协助学生解决问题和困难。

家校合作模式还可以关注学生的情感需求和心理变化。学生在学习和生活中难免会遇到各种问题和困难，有些问题可能超出了学校的解决范围，需要家长的参与和支持。通过家校合作，学校可以及时发现学生的问题，并与家长共同探讨解决方案，确保学生的情感需求得到满足，心理变化得到关注和引导。

这些都可以提高教育质量和教学效果，更好地促进学生的成长和发展。在家校合作模式下，学校和家长可以共同参与学生的教育过程，充分发挥各自的优势和资源，为学生提供更全面、更优质的教育服务。同时，家校合作还可以培养学生的自主性和责任感，提高学生的综合素质和社会适应能力，为学生的未来发展打下坚实的基础。

总之，家校合作模式可以提高教育质量，这一观点已经得到了广泛的认可和实践证明。通过加强学校与家庭之间的联系与合作，我们可以更好地了解学生的需求和特点，制订更为科学合理的教学计划和教育方案，关注学生的情感需求和心理变化，并及时解决学生在学习和生活中遇到的问题和困难。这些都可以提高教育质量和教学效果，更好地促进学生的成长和发展。

（四）优化学生的学习环境

家校合作模式下，初中教学可以优化学生的学习环境，这一观点具有深远的意义。

首先，家校合作可以营造一个更为和谐、稳定的学习环境。学校和家庭联合起来，共同致力于为孩子创造一个安静、有序、健康的学习空间，减少外界因素的干扰，让学生更好地专注于学习。

其次，家校合作可以提供更为个性化的教学服务和关怀。家长和学校教师之间的沟通和协作，使得双方能够更深入地了解学生的特点和需求。通过家长的建议和反馈，学校可以调整教学计划和方案，更好地满足学生的个性化需求。同时，家长也可以根据学校的指导，为学生提供更有效的家庭辅导和支持。

再次，家校合作还能培养学生的自主学习能力和责任感。在家长和学校的共同引导下，学生能够逐渐形成良好的学习习惯和态度，学会自主规划学习时间和任务。同时，家长和学校的联合教育也能培养学生的责任感和自律性，让学生更加珍惜学习机会，为自己的未来发展负责。

最后，家校合作还能提高学生的综合素质和社会适应能力。通过家校合作，学生不仅能够学到书本知识，还能培养人际交往、沟通协作、自我管理等多方面的能力。这些能力对于学生的未来发展至关重要，能够帮助学生更好地适应社会变化和发展需求。

总之，家校合作模式下的初中教学能够优化学生的学习环境，提高学生的学习成绩和综合素质。通过学校和家庭的联合努力，我们可以为学生创造一个更好的学习环境，让学生更好地成长和发展。

（五）增强学生自我管理能力

家校合作模式下，初中教学注重培养学生的自我管理能力，这一举措具有深远的意义。

首先，自我管理能力是初中生必备的一项重要能力。随着年龄的增长，初中生面临着越来越多的挑战和任务，需要自我管理的能力来规划学习、时间、情绪和行为等方面。通过家校合作，可以更好地引导学生在日常生活中逐步形成自我管理的习惯和能力，从而更好地应对学习和生活中的各种挑战。

其次，自我管理能力有助于提高学生的学习成绩和综合素质。学生通过自我管理，可以更好地规划学习时间和任务，提高学习效率和质量。同时，自我管理还能帮助学生控制情绪和行为，避免不良习惯和行为的产生，从而更好地保持身心健康和全面发展。

再次，自我管理能力也是学生未来发展的重要基础。随着社会的不断发展和变化，学生需要具备自我管理的能力来适应这些变化以迎接未来的挑战。通过家校合作的共同引导和支持，学生可以更好地掌握自我管理的能力和技巧，为未来的发展打下坚实的基础。

最后，家校合作可以更好地促进学生的自我发展和成长。学校和家庭是学生学习和成长的重要场所，通过双方的协作和配合，可以为学生提供更全面、更有效的支持和引导。学生通过参与家校合作的活动和实践，可以更好地了解自己、发掘自己的潜力和兴趣爱好，从而更好地实现自我发展和成长。

总之，家校合作模式下的初中教学注重培养学生的自我管理能力，可以更好地提高学生的自我管理能力、促进学生的自我发展和成长。通过学校和家庭的共同引导和支持，我们可以为学生提供更全面、更有效的培养方式和机会，让学生更好地成长和发展。

## 三、家校合作模式对初中教学的推动作用

初中阶段是学生成长的关键时期，这一阶段的学生正处于青春期，面临着身心发展的多重挑战。同时，这一阶段也是学生基础知识学习、人格塑造和价值观形成的重要时期。传统的初中教学往往只注重学校的教育作用，而忽视了家庭对学生的影响。然而，家庭是学生成长的重要环境，家长是学生成长过程中的重要导师。家校合作模式通过加强学校和家庭之间的沟通与合作，将家庭的教育力量与学校的教育力量相结合，形成了一种更为强大的教育合力。

（一）提高教学质量

家校合作模式确实可以提高教学质量，这一观点得到了广泛的认同。

在传统的教育环境中，学校和家庭往往被视为两个相对独立的教育场所，教师和家长之间的沟通相对较少，导致双方对学生的了解并不全面。然而，家校合作模式打破了这种局面，它强调学校与家庭之间的紧密合作，以便更有效地促进学生的学习和发展。

通过加强学校和家庭之间的沟通与合作，教师可以更好地了解学生的家庭背景、生活情况和个性特点。这种深入的了解可以帮助教师根据学生的实际情况制订更为科学合理的教学计划和教育方案。例如，教师可以通过与家长的交流，了解学生在家庭中的学习环境、学习习惯和兴趣爱好等方面的信息，从而更好地调整教学方法和策略，提高教学效果。

同时，家长也可以更好地了解学生的学习状况和需求。在家校合作模式下，家长可以更直接地参与到学生的学习过程中来，与教师进行深入的交流和讨论，共同商讨学生的学习计划和目标。这样的参与方式可以让家长更全面地了解学生的学习进度和困难，为学生提供更有效的家庭辅导和支持。家长也可以根据教师的建议，为学生创造一个更适合学习的家庭环境，如提供适当的学习资料、

监督学生的作业完成情况等。

家校合作模式还可以促进家长和教师之间的互相理解和信任。通过深入的交流和合作，家长和教师可以建立更紧密的联系，共同关注学生的成长和发展。这种互信和支持可以增强双方的教育效果，提高教学质量。

此外，家校合作模式还可以为学生提供更全面的教育支持。除了学校教育之外，家庭教育也是学生成长过程中不可或缺的一部分。通过家校合作，学生可以感受到来自家庭和学校的共同关注和支持，这种全方位的教育支持可以更好地促进学生的综合素质的提高。

（二）增强学生学习动力

家校合作模式在增强学生的学习动力方面也具有积极作用。

首先，通过与家长的沟通和协作，学生可以更好地理解学习的意义和价值。家长的支持和鼓励可以有效地提高学生的学习积极性和自信心，同时也可以让学生感受到家庭对他们的期望和关心。这种情感上的支持可以激发学生的学习动力，促使他们更加努力地学习。

其次，家校合作模式可以帮助学生明确自己的学习目标和方向。在与家长和教师的交流中，学生可以更好地了解自己的优势和不足，制订更为合理的学习计划和目标。这种明确的目标导向可以让学生更有方向地学习，提高他们的学习效率和学习成绩。

再次，家长也可以通过与学校的合作，更好地引导和支持学生的学习。家长可以及时了解学生的学习进度和需求，为学生提供适当的辅导和支持。这种个性化的支持可以帮助学生克服学习中的困难和挑战，增强他们的学习动力和自信心。

最后，家校合作模式还可以为学生提供更丰富的教育资源和机会。学校可以与家长合作，组织各种形式的教育活动和实践，如社会实践、志愿服务、文艺比赛等。这些活动可以让学生更好地了解社会和世界，拓展他们的视野和知识面，同时也可以培养学生的团队合作、创新思维和社会责任感等综合素质。

（三）培养学生自主学习能力

家校合作模式在培养学生的自主学习能力方面也具有积极的影响。

首先，家校合作模式可以为学生提供更为丰富的学习资源和环境。在家庭和学校的共同引导和支持下，学生可以接触到更多的学习材料和工具，如书籍、网络资源、实验设备等。这些资源可以为学生提供更为广阔的学习空间和机会，让他们自主选择感兴趣的学习内容和学习方式。这种自主选择可以激发学生的学习兴趣和动力，培养他们的自主学习意识和能力。

其次，家校合作模式可以帮助学生掌握自主学习的技能和方法。家长可以为学生提供独立学习和思考的环境和时间，鼓励他们主动探索和学习新知识。学校教师可以为学生提供学习方法和技巧的指导，帮助他们掌握自主学习的技能。这种指导和支持可以让学生学会如何独立地获取知识、解决问题和自我评估，进而提高他们的自主学习能力。

最后，家校合作模式还可以为学生提供更多的实践机会和实践经验。学校可以与家长合作，组织各种形式的教育活动和实践，如社会实践、志愿服务、文艺比赛等。这些活动可以让学生将所学知识应用于实际生活中，培养他们的实践能力和创新思维。同时，这些活动也可以让学生体验到学习带来的成就感和乐趣，进一步激发他们的学习动力和自信心。

（四）促进教师专业发展

家校合作模式对教师的专业发展也起到了积极的推动作用。

首先，家校合作模式可以帮助教师更好地了解学生的需求和特点。通过与家长的沟通和协作，教师可以更深入地了解学生的家庭背景、兴趣爱好和学习风格，从而更好地调整自己的教学方法和教育策略。这种了解可以使得教师的教学更加有针对性，提高教学效果和学生的学习效果。

其次，家校合作模式可以为教师提供更多的专业发展机会和资源。在与家长的协作中，教师可以接触到不同的教育理念和方法，了解到最新的教育动态和趋势。这些信息和资源可以拓展教师的教育视野，提供更多的教学策略和教学方法，帮助他们更好地应对挑战。

再次，家校合作模式也可以促进教师与家长之间的沟通和协作。在与家长的交流中，教师可以更加了解家长对教育的期望和需求，从而更好地调整自己的教学策略。同时，家长也可以通过与教师的交流，更加了解教师的教学方法和理念，更好地支持和配合教师的教学工作。这种互相支持和协作的关系可以增强教师的自信心和教学能力，提高他们的专业素养和教学水平。

最后，家校合作模式还可以为教师提供反思和改进的机会。在与家长的协作中，教师可以观察到学生的表现和反应，了解到自己的教学方法和策略是否有效。这种反馈可以促使教师对自己的教学进行反思和改进，提高教学效果和教学质量。同时，教师也可以通过与家长的交流，获得更多的建议和意见，从而不断完善自己的教学能力和专业素养。

（五）优化教育环境

家校合作模式在优化教育环境方面也具有积极的作用。

学校和家庭是学生成长最重要的两个场所，只有当这两个场所形成合力，才能为学生创造一个全面、健康、有益的学习环境。家校合作模式使学校和家庭不再是各自为政，而是形成一种协同作战的关系，共同为学生创造一个良好的学习环境。

这种良好的学习环境包括学校设施、教学资源、师生关系、家庭氛围等多个方面。学校设施是指学校的建筑、设施、教学设备等，这些都会影响学生的学习体验和学习效果。教学资源是指学校提供的课程、教材、教学资料等，这些都会影响学生的知识获取和能力提升。师生关系是指教师和学生之间的互动关系，这种关系会影响学生的学习积极性和学习效果。家庭氛围是指家庭中的亲子关系、家庭教育方式、家庭氛围等，这些都会影响学生的心理发展和人格形成。

通过家校合作模式，学校和家庭可以共同为学生提供更为舒适、安全、健康和积极的学习环境。例如，学校可以加强与家长的沟通，了解学生的家庭背景和需求，从而更好地满足学生的个性化需求。同时，家长也可以更好地了解学校的教学方法和策略，从而更好地支持和配合教师的教学工作。这种合作模式还可以促进学校和家庭之间的互信和合作，加强教育者和家长之间的联系和沟通，形成更为紧密的教育共同体。

在这样的教育共同体中，学生可以更好地发挥自己的潜力，获得更全面的发展。教师也可以不断地提高自己的教学能力和专业素养，实现自我价值和专业成长。家长也可以更好地了解孩子的成长过程和教育需求，从而更好地支持和引导孩子的成长。这种优化后的教育环境可以为学生提供更为全面、健康、有益的学习体验，促进学生的健康成长和发展。

# 第二节　家校合作模式下初中教学的实施方式

## 一、共同制订教学目标和计划

家校合作模式是一种将家庭教育和学校教育相结合的教育方式，旨在发挥家庭和学校的各自优势，共同促进学生的成长和发展。在这种模式下，学校和家庭需要密切合作，共同制订教学目标和计划，以确保学生在学校和家庭中都能够得到全面的教育和支持。

（一）共同制定教学目标

在传统的教育模式下，学校教师往往根据自己的教学经验和教材内容制定教学目标。而在家校合作模式下，学校和家长需要共同制定教学目标，以确保学生在学校和家庭中都能够得到有效的指导和支持。

1.确定总体目标

学校教师需要与家长共同确定初中教学的总体目标。这些目标应该基于国家教育方针和学校的教育理念，同时也要考虑到学生的个体差异和发展需求。在制定.总体目标时，学校教师需要听取家长的意见和建议，了解家长对孩子的期望和教育需求。

2.分解目标

根据总体目标，学校教师需要与家长共同分解成具体的学科目标和活动目标。这些目标应该更加具体、明确，具有可操作性和可测量性。例如，数学教师可以与家长共同制定提高运算速度和准确性的目标，英语教师可以制定提高学生的阅读能力和口语表达能力的目标。

（二）共同制定教学计划

教学计划是实现教学目标的关键步骤，它规定了教学内容、教学方法、教学资源等方面的安排和实施方案。在传统的教育模式下，学校教师往往根据自己的教学经验制订教学计划。而在家校合作模式下，学校教师需要与家长共同制订教学计划，以确保学生在学校和家庭中都能够得到全面的教育和支持。

1.商定教学计划内容

学校教师需要与家长共同商定教学计划的内容。这些内容应该包括学科知识点、教学方法、教学资源、评估方式等方面。在商定过程中，学校教师需要听取家长的意见和建议，了解家长对孩子的教育需求和期望。同时，学校教师还需要根据学生的个体差异和发展需求，制订个性化的教学计划。

2.制订课外活动计划

除了学科教学之外，学校教师还需要与家长共同制订课外活动计划。这些活动可以包括社会实践、文艺比赛、科技竞赛等方面。在制订活动计划时，学校教师需要了解家长的资源和能力，与家长共同确定活动形式、时间和地点等方面的安排。同时，学校教师还需要根据学生的兴趣爱好和发展需求，制订个性化的课外活动计划。

（三）实施过程中的注意事项

在家校合作模式下共同制订教学目标和计划的过程中，需要注意以下几点。

1.建立有效的沟通机制

学校教师需要与家长建立有效的沟通机制，包括定期的电话沟通、面谈、网络交流等方式。这些沟通方式应该能够保证双方及时了解学生的情况和学习进展，以便于调整教学计划和措施。

2.尊重学生的个性和差异

在共同制订教学目标和计划的过程中，需要尊重学生的个性和差异。学校教师需要根据学生的特点和需求，制订个性化的教学计划和活动方案，以便于满足不同学生的需求和发展。

## 二、家长参与教学管理和监督

（一）家长参与教学管理

1.参与课程设置

家长可以与学校教师一起参与课程设置，共同确定课程内容和教学方法。家长可以提供孩子的学习需求和兴趣爱好，以及他们在日常生活中观察到的孩子的学习特点和问题，为学校教师提供参考。同时，家长还可以与学校教师一起探讨如何将课程内容与实际生活相结合，使课程内容更加生动、具体。

2.参与教学资源整合

家长可以与学校教师一起整合教学资源，包括图书馆、实验室、多媒体教室等。家长可以提供自己的资源和优势，帮助学校完善教学设施和资源，提高教学质量和效果。同时，家长还可以与学校教师一起探索如何利用互联网等新兴技术手段，提高教学效果和学生的学习体验。

（二）家长参与教学监督

1.监督教学质量

家长可以与学校教师一起监督教学质量，通过听课、评课等方式了解教师的教学情况和学生的学习情况。家长可以提供自己的观察和评价意见，为学校教师提供参考和改进方向。同时，家长还可以与学校教师一起探讨如何根据学生的反馈和评价调整教学内容和方法，提高教学质量和效果。

2.监督学生发展

家长可以与学校教师一起监督学生的发展情况，通过观察学生的行为、成绩和兴趣爱好等方面了解学生的发展特点和问题。家长可以提供自己的观察和评价意见，为学校教师提供参考和改进方向。同时，家长还可以与学校教师一起探讨如何根据学生的发展需求和特点制定个性化的教育方案，促进学生的全面发展和成长。

（三）实施过程中的注意事项

在家校合作模式下家长参与教学管理和监督的过程中，需要注意以下几点。

1.建立有效的沟通机制

家长需要与学校教师建立有效的沟通机制，包括定期的电话沟通、面谈、网络交流等方式。这些沟通方式应该能够保证双方及时了解学生的情况和学习进展，以便于调整教学计划和措施。同时，家长还需要与学校教师共同探讨如何根据孩子的特点和需求制定个性化的教育方案，促进孩子的全面发展和成长。

2.尊重教师的专业性和主导地位

家长在参与教学管理和监督的过程中，需要尊重教师的专业性和主导地位。家长也需要理解教师的教学压力和工作负担，尽可能地支持和配合教师的教学工作。

3.注重学生的个性和差异

在家校合作模式下的共同制定教学目标和计划的过程中，家长需要注重学生的个性和差异。虽然家长可以提供自己的意见和建议，但最终的教学计划和措施需要由学校教师根据专业知识和经验进行制订和实施。

## 三、家长和教师共同备课和授课

（一）共同备课的实施方式

1.共享教学资源

家长可以与教师一起共享教学资源，包括网络资源、图书资料、教学软件等。家长可以提供自己的资源和优势，帮助学校完善教学设施和资源，提高教学质量和效果。同时，家长还可以与教师一起探索如何利用新兴技术手段，如人工智能、大数据等，提高教学效果和学生的学习体验。

2.互相沟通和协商

家长和教师需要建立有效的沟通机制，定期互相沟通和协商学生的学习情况、行为表现、心理状态等方面的问题。通过沟通和协商，家长和教师可以共同制订教学目标和计划，以及采取有针对性的教育措施。同时，家长还可以向教师了解学生在学校的学习情况和表现，为家庭教育提供参考。

3.共同制定教学方案

家长可以与教师一起制定教学方案，包括教学内容、教学方法、教学进度等方面。在制定教学方案的过程中，家长可以提供自己的意见和建议，同时听取教师的专业意见和建议。通过共同制定教学方案，可以更好地满足学生的学习需求和发展需求。

（二）共同授课的实施方式

1.家长参与课堂教学

家长可以与教师一起参与课堂教学，包括听课、授课、辅导学生等方面。家长可以了解学生的学习情况和需求，为学校教师提供参考和改进方向。同时，家长还可以将自己的知识和经验引入课堂教学中，丰富教学内容和形式。

2.家长参与课外辅导

家长可以与教师一起参与课外辅导，包括对学生课后作业的辅导、对学生特长爱好的培养等方面。家长可以提供自己的时间和精力，帮助学校教师更好地关注学生的个性化需求和发展。同时，家长还可以与学校教师一起探索如何利用新兴技术手段，如在线教育、智能辅导等，提高教学效果和学生的学习体验。

（三）实施过程中的注意事项

在家校合作模式下，家长和教师共同备课与授课的过程中，需要注意以下方面。

1.尊重教师的专业性和主导地位

家长可以提供自己的意见和建议，但最终的教学方案和措施需要由学校教师根据专业知识和经验进行制定和实施。

2.注重学生的个性和差异

在家校合作模式下，共同制订教学目标和计划的过程中，需要注重学生的个性和差异。家长需要理解教师的教学压力和工作负担，尽可能地支持和配合教师的教学工作。

# 四、加强对学生学习情况的反馈和沟通

（一）加强对学生学习情况反馈的实施方式

1.建立定期反馈机制

家长和教师需要建立定期的反馈机制，包括定期召开家长会、学生座谈会等活动。通过这些活动，家长可以了解学生在学校的学习情况和表现，教师也可以了解学生在家庭的学习情况和表现。这种定期的反馈机制可以帮助家长和教师全面了解学生的学习情况，及时发现和解决问题。

2.利用信息化手段进行反馈

随着信息化技术的发展，家长和教师可以通过多种方式进行反馈，如建立班级微信群、QQ 群等社交媒体平台，或者使用教育管理软件等。通过这些方式，家长可以随时了解学生的学习情况，教师也可以及时向家长反馈学生的学习进展和表现。同时，教师还可以针对学生的个性化需求进行有针对性的辅导和指导。

3.制定个性化反馈方案

每个学生都有自己的特点和需求，需要制定个性化的反馈方案。教师需要根据每个学生的学习情况、能力水平和兴趣爱好等因素，制定有针对性的反馈方案。通过个性化的反馈方案，可以更好地满足学生的学习需求和发展需求。

（二）加强对学生学习情况沟通的实施方式

1.建立良好的沟通渠道

家长和教师需要建立良好的沟通渠道，包括面对面的交流、电话沟通、书面交流等方式。通过这些方式，家长可以向教师了解学生的学习情况和表现，教师也可以向家长了解学生的家庭情况和背景。同时，教师还可以根据学生的学习情况和表现，及时向家长提出建议和意见，帮助家长更好地指导学生的学习。

2.注重沟通技巧和方法

在沟通过程中，需要注重沟通技巧和方法。教师需要用平易近人的语言向家长解释学生的学习情况和需求，同时还需要耐心听取家长的意见和建议。同时，教师还需要根据不同的场合和目的，选择合适的沟通方式和方法。例如，在公开场合下可以选择比较温和的沟通方式，而在私下场合下则可以选择比较直接的方式。

3.及时沟通和反馈

在学生的学习过程中，难免会遇到各种各样的问题。作为教师，我们不仅要在发现问题后及时进行处理，更需要通过与家长的沟通和反馈，共同促进学生的进步。

当教师在教学过程中发现学生的学习问题时，他们需要做的第一步就是进行记录和整理。这些问题可能涉及学生的学习习惯、方法、态度等方面，也可能涉及学生的家庭环境、心理状况等。教师需要把这些问题的细节记录下来，并进行分析，以便找出可能的解决方案。

之后，教师需要及时与家长进行沟通。这种沟通可以通过电话、短信、家长会、个别交流等方式进行。在沟通时，教师需要用平易近人的语言，把学生的学习问题客观、准确地描述出来，让家长了解问题的具体情况。同时，教师也需要听取家长的意见和建议，共同探讨出适合学生的解决方案。

在解决问题的过程中，教师需要及时向家长反馈学生的学习进展和表现。这种反馈不仅可以让家长了解学生在学校的表现，也可以让家长感受到教师对孩子的关心和关注。同时，教师还需要在反馈中表扬学生的进步和优点，鼓励他们在今后的学习中继续努力。

通过这种及时的沟通和反馈机制，教师可以更好地促进学生的学习和发展。一方面，教师可以及时发现并解决学生的学习问题，避免问题的积累和恶化；另一方面，教师可以通过与家长的协作，更好地发掘学生的潜能和优点，为他们的未来发展打下坚实的基础。

总之，通过及时的沟通和反馈，教师可以与家长建立更加紧密的合作关系，共同促进学生的进步和发展。这种机制不仅可以提高学生的学习成绩和综合素质，还可以增强家长对学校和教师的信任和支持。

（三）实施过程中的注意事项

在家校合作模式下的加强对学生学习情况的反馈和沟通过程中，需要注意以下方面。

1.尊重家长的参与和支持

家长是学生学习的重要支持和指导者。在沟通过程中需要尊重家长的参与和支持，鼓励家长积极参与学生的学习过程。同时，还需要听取家长的意见和建议，同时认真考虑他们的建议，作出相应的调整并完善方案，最终达到良好的教育效果；同时还需要向家长说明最终的方案及具体措施，并将方案及具体措施落实到位，取得家长的支持和理解。

2.关注学生的个体差异

每个学生都是独特的个体，具有不同的学习方式和需求。在反馈和沟通过程中，需要关注学生的个体差异，了解每个学生的学习特点和需求。只有深入了解每个学生的情况，才能更好地满足他们的学习需求，帮助他们取得更好的学习成果。

3.保持积极的态度和语气

在反馈和沟通过程中，需要保持积极的态度和语气。无论遇到什么问题或挑战，都需要以积极的心态去面对和解决。同时，教师还需要用平易近人的语言向家长解释学生的学习情况和需求，让家长更好地了解学生的学习状况。

4.建立合作和信任的关系

家校合作模式下的反馈和沟通过程需要建立在合作和信任的基础之上。教师和家长需要相互配合、相互支持，共同促进学生的成长和发展。只有建立良好的合作关系和信任关系，才能更好地实现家校合作的目标。

家校合作模式下初中教学的实施方式——加强对学生学习情况的反馈和沟通是一个重要的教育过程。通过加强对学生学习情况的反馈和沟通，可以更好地促进学生的学习和发展。在实施过程中，需要注意尊重家长的参与和支持、关注学生的个体差异、保持积极的态度和语气、建立合作和信任的关系等方面。

## 五、及时解决学生学习中的问题和困难

（一）问题描述

初中教学中存在许多问题和困难，其中一些问题包括学生的学习成绩不理想、学习态度不端正、缺乏学习动力和学习方法不当等。这些问题不仅会影响学生的学习效果，还会影响他们的学习兴趣和自信心。在家校合作模式下，教师和家长需要密切合作，及时发现和解决这些问题，以便更好地促进学生的成长和发展。

（二）实施方式

1.建立家校合作机制

建立家校合作机制是及时解决学生学习中的问题和困难的前提。教师和家长需要建立密切的联系和沟通机制，以便及时了解学生的学习情况和表现。同时，教师和家长还需要共同制定解决方案，及时解决学生在学习中遇到的问题

和困难。

2.定期开展家长会

定期开展家长会是加强家校合作的重要途径。教师可以通过家长会向家长介绍学生的学习情况和表现，同时也可以向家长反馈学生在学习中遇到的问题和困难。家长也可以通过家长会向教师了解学生的学习情况和表现，同时也可以向教师反馈自己孩子在家庭中的表现和问题。通过家长会，教师和家长可以共同制定解决方案，及时解决学生在学习中遇到的问题和困难。

3.加强对学生学习方法的指导

加强对学生学习方法的指导是及时解决学生学习中的问题和困难的关键。教师需要关注学生的学习方法，根据学生的实际情况和学习需求，制订个性化的学习计划和方案。同时，教师还需要通过多种方式指导学生掌握正确的学习方法和技巧，帮助学生提高学习效率和学习成绩。

4.关注学生的心理健康

关注学生的心理健康是及时解决学生学习中的问题和困难的必要条件。初中阶段是学生心理发展的关键时期，容易出现焦虑、抑郁等心理问题。教师需要关注学生的心理健康状况，及时发现和解决学生的心理问题。同时，教师还需要加强对学生的心理健康教育，帮助学生建立正确的人生观和价值观。

5.开展丰富多彩的课外活动

开展丰富多彩的课外活动可以帮助学生放松身心、增强自信心和培养兴趣爱好等。教师可以通过组织各种形式的课外活动，如文艺比赛、科技竞赛、体育比赛等，鼓励学生积极参与，培养学生的综合素质和能力。同时，教师还可以通过课外活动发现学生的特长和兴趣爱好，为学生提供更多的发展机会和平台。

家校合作模式下初中教学的实施方式——及时解决学生学习中的问题和困难是一个重要的教育过程。通过建立家校合作机制、定期开展家长会、加强对学生学习方法的指导、关注学生的心理健康和开展丰富多彩的课外活动等方式，可以更好地促进学生的学习和发展。同时，教师和家长需要密切合作，共同制定解决方案，及时解决学生在学习中遇到的问题和困难。只有做好这些方面的工作，才能更好地实现家校合作的目标，帮助学生取得更好的学习成果。

# 第三节　家校合作模式下初中教学的效果评估

## 一、评估体系的建立和完善

（一）评估目的

评估家校合作模式下初中教学的效果，旨在了解该模式下学生的学习情况、学习态度、学习成绩和学习动力等方面的情况，同时了解该模式下学生的心理健康状况和综合素质发展情况。通过评估，可以发现家校合作模式中存在的问题和不足，提出改进措施和建议，进一步完善家校合作模式，提高学生的学习效果和综合素质。

（二）评估指标

评估家校合作模式下初中教学的效果，需要建立一套科学的评估指标。以下是几个主要的评估指标。

1.学习成绩：通过比较学生在家校合作模式前后的学习成绩，可以了解该模式下学生的学习效果。

2.学习态度：通过观察学生在家校合作模式下的学习态度，可以了解学生对待学习的态度和对待知识的态度。

3.学习动力：通过了解学生在家校合作模式下的学习动力，可以评估学生的学习积极性和自律性。

4.心理健康状况：通过心理测试和观察学生在家校合作模式下的表现，可以评估学生的心理健康状况和情绪状态。

5.综合素质发展：通过了解学生在家校合作模式下参加课外活动的情况和获得的荣誉，可以评估学生的综合素质发展情况。

（三）评估方法

为了更好地评估家校合作模式下初中教学的效果，需要采用多种评估方法。

1.观察法：教师可以通过观察学生在家校合作模式下的表现，了解学生的学习情况和表现。家长可以通过观察孩子在家中的表现，了解孩子的学习情况和情绪状态。

2.调查法：教师可以通过问卷调查了解学生对待学习的态度、学习动力和心理健康状况等方面的情况。家长可以通过问卷调查了解孩子在家庭中的表现和学习情况。

3.案例分析法：教师可以通过分析家校合作模式下成功和失败的案例，总结经验和教训，不断完善家校合作模式。

4.对比分析法：教师可以通过比较学生在家校合作模式前后的学习成绩和学习态度等方面的情况，了解该模式下学生的学习效果和综合素质发展情况。

5.定量分析法：教师可以通过定量分析法对学生的学习成绩、学习动力和心理健康状况等方面的情况进行定量评估，以便更好地了解学生的学习情况和表现。

## 二、评估标准的制定和实施

（一）评估标准的制定

评估家校合作模式下初中教学的效果，需要制定一套科学的评估标准。以下是几个主要的评估标准。

1.有效性：家校合作模式是否有效地提高了学生的学习成绩、学习动力和学习兴趣等方面的表现。

2.参与度：家长和学校是否积极参与家校合作活动，共同促进学生的成长和发展。

3.满意度：学生对家校合作活动的满意度和家长对家校合作活动的满意度。

4.可持续性：家校合作模式是否具有可持续性，即是否能够长期有效地实施。

5.可推广性：家校合作模式是否具有可推广性，即是否能够适用于更多的学生和学校。

（二）评估标准的实施

为了更好地评估家校合作模式下初中教学的效果，需要采取以下措施实施评估标准。

1.制订详细的评估计划：制订详细的评估计划，明确评估的时间、地点、人员和内容等方面的要求。

2.收集数据：通过问卷调查、访谈、观察等方式收集数据，了解学生的学习情况、学习态度和学习兴趣等方面的表现。同时，了解家长和学校对家校合作活动的参与度和满意度等情况。

3.分析数据：对收集到的数据进行统计分析，了解学生的学习情况和综合素质发展情况，以及家校合作模式的效果。

4.制定改进措施：根据数据分析结果，制定改进措施和建议，进一步完善家校合作模式，提高学生的学习效果和综合素质。

5.实施改进措施：将改进措施和建议落实到实际工作中，加强家校合作活动的组织和实施，提高家长和学校的参与度和满意度。

6.定期评估：定期对家校合作模式下初中教学的效果进行评估，了解改进措施的实施情况和效果，及时调整和完善家校合作模式。

## 三、对家校合作模式下初中教学的反思和总结

（一）家校合作模式下初中教学的优点

1.增强教育合力

家校合作模式下，学校和家庭共同参与学生的学习和生活，加强了教育合力。家长可以更好地了解学生的学习情况和生活状态，及时发现和解决问题；学校可以更好地了解学生的家庭背景和情况，为个性化教育提供支持。这种模式有助于形成良好的教育氛围，促进学生的健康成长。

2.提高学生学习积极性

家校合作模式下，家长和学校共同关注学生的学习和生活，让学生感受到更多的关注和支持，从而提高其学习积极性和自信心。同时，家长和学校之间的沟通和合作也有助于及时发现和解决学生的学习困难和问题，帮助学生克服学习障碍。

3.提升学生综合素质

家校合作模式下，家长和学校共同关注学生的综合素质发展，不仅关注学生的知识学习，还关注学生的品德、体育、艺术等方面的培养。这种模式有助于培养学生的综合素质，促进其全面发展。

（二）家校合作模式下初中教学的不足之处

1.家长参与度不高

在实际操作中，有些家长由于工作繁忙、文化水平有限等因素，参与家校合作活动的积极性和深度不够，影响了家校合作的效果。

2.学校与家长沟通不足

有些学校在组织家校合作活动时，未能充分考虑到家长的实际情况和需求。沟通不足导致家长对活动的参与度和满意度不高。

3.活动形式单一

有些家校合作活动的形式过于单一，缺乏创新性和趣味性，无法吸引学生的参与和兴趣。同时，一些活动过于强调成绩和分数，忽略了对学生品德、体育、艺术等方面的培养。

（三）对家校合作模式下初中教学的反思和总结

1.增强家长参与意识

学校应加大宣传力度，让家长认识到家校合作的重要性，增强其参与意识和责任感。同时，学校可以定期组织家长会、家长培训等活动，提高家长的参与能力和深度。

2.加强学校与家长之间的沟通

学校应充分了解家长的实际情况和需求，根据不同家庭的情况制订相应的家校合作计划。同时，学校应定期向家长反馈学生的学习和生活情况，让家长及时了解孩子的成长和发展。

3.创新家校合作活动形式

学校可以创新家校合作的活动形式，以增强学生和家长之间的互动和交流，提高活动的趣味性和吸引力。例如，组织学生和家长共同参加户外拓展、社会实践等活动。这不仅可以增强亲子关系，还可以让学生通过实践学习到更多的知识和技能。

开设家长课堂、家长志愿者等活动形式，可以让家长更深入地了解学校的教育理念和教学方法，同时也可以让家长更好地参与到孩子的教育中来。此外，开展家庭教育讲座等活动，可以让学生和家长更好地了解家庭教育的重要性和方法，从而更好地促进孩子的健康成长。

对于那些对家校合作不积极的家长，教师可以进行单独的积极沟通，了解他们的想法和顾虑，并给予积极的建议和引导。同时，教师也可以通过评选"最佳亲子组合"等方式来激励那些不热心于家校合作的家长们，让他们看到自己的努力和付出得到了认可和肯定，从而增强他们的参与热情与积极性。

通过这种激励方式，可以让更多的家长融入到家校合作中来，从而更好地促进孩子的健康成长。同时，教师也可以通过家校合作活动，增强与家长的沟通和合作，更好地了解学生的家庭情况和背景，为后续的教育教学工作提供更好的支持和帮助。

## 四、根据评估结果调整和优化家校合作模式

（一）家校合作模式的评估

1.评估目的

家校合作模式的评估旨在了解家校合作的效果，发现存在的问题和不足，为调整和优化家校合作模式提供依据。

2.评估方法

评估家校合作模式的方法可以包括问卷调查、访谈、观察等多种方式。其中，问卷调查可以了解家长和学校对家校合作的满意度、参与度等情况；访谈可以深入了解家校合作的具体情况、存在的问题等；观察可以了解家校合作活动的组织情况、参与者的表现等。

3.评估内容

评估家校合作模式的内容可以包括以下方面。

（1）家长参与度：了解家长参与家校合作的积极性和深度，以及参与的方式和途径等。

（2）学校组织能力：评估学校组织家校合作活动的能力和水平，包括活动的策划、组织、执行等环节。

（3）合作效果：了解家校合作对学生的影响和效果，包括学生的学习成绩、行为表现、综合素质发展等方面。

（二）根据评估结果调整和优化家校合作模式

1.针对家长参与度不高的对策

针对家长参与度不高的情况，可以采取以下措施。

（1）加大宣传力度：通过多种途径宣传家校合作的重要性和意义，提高家长对家校合作的认知度和参与意识。

（2）提供多样化的参与方式：根据家长的不同情况和需求，提供多样化的参与方式，如在线讨论、家长志愿者等。

（3）建立激励机制：通过评选优秀家长、颁发荣誉证书等方式，激励家长积极参与家校合作活动。

2.针对学校组织能力不足的对策

针对学校组织能力不足的情况，可以采取以下措施。

（1）加大培训力度：对学校领导和教师进行家校合作方面的培训，提高他们的组织能力和水平。

（2）建立协作机制：建立学校与家长之间的协作机制，明确双方的责任和义务，提高活动的执行力和效果。

（3）引入第三方机构：通过引入专业的第三方机构来组织家校合作活动，提高活动的专业性和效果。

3.针对合作效果不佳的对策

针对合作效果不佳的情况，可以采取以下措施。

（1）加强沟通与交流：加强学校与家长之间的沟通与交流，了解学生的情况和需求，及时发现问题并解决。

（2）制定个性化方案：根据学生的不同特点和需求，制定个性化的家校合作方案，提高对学生的关注度和针对性。

（3）丰富活动内容：丰富家校合作活动的内容和形式，增加趣味性和吸引力，提高学生的参与度和兴趣。

（4）建立反馈机制：建立家校合作活动的反馈机制，及时收集家长和学校的意见和建议，对活动进行总结和反思，不断改进和提高。

通过对家校合作模式的评估和调整优化，我们可以更好地发挥家校合作的作用，提高教育质量，促进学生的健康成长。未来，我们将继续关注家校合作的发展趋势和实践经验总结，不断探索和创新以寻求更加适合学生发展的家校合作模式，为培养更多优秀的人才贡献力量。

# 第五章 家校合作模式在初中学生事务管理中的应用

## 第一节 家校合作模式下初中学生事务的特点与优势

### 一、家校合作模式下初中学生事务的特点

（一）家校合作模式下初中学生事务的特点

1.多元化的教育方式

在传统的教育模式下，学校是主要的教育者，家庭只起到辅助作用。但在家校合作模式下，教育方式变得更加多元化。学校不再是唯一的权威，家庭也成为教育的重要场所。这种模式下，学生不仅在学校接受教育，也在家庭中接受教育；双方共同参与学生的成长过程。

2.丰富的教育内容

家校合作模式下，教育内容也得到了丰富。除了传统的知识教育，还增加了情感教育、生活技能教育、社会交往能力教育等内容。这些教育内容更加全面，能够更好地满足学生的成长需求。

3.密切的家校沟通

家校合作的核心是加强家庭和学校的沟通与合作。这种模式下，家庭和学校之间的沟通变得更加密切，双方能够更好地了解学生的情况，共同解决学生在成长过程中遇到的问题。

4.强调学生的主体地位

在家校合作模式下，学生的主体地位得到了强调。学校和家庭不再是单纯的施教者，而是成为学生的合作伙伴和指导者。这种模式下，学生能够更好地发挥自己的主观能动性，积极参与自己的教育过程。

（二）家校合作模式对初中学生事务的影响

1.提高教育质量

家校合作模式下，教育方式变得更加多元化，教育内容更加丰富，家校沟通更加密切，学生的主体地位得到强调。这些因素都提高了教育的质量。学校和家庭能够更好地了解学生的需求和问题，提供更全面的教育支持。同时，学生也能更好地发挥自己的潜力和兴趣，实现个性化发展。

2.增强学生的社会适应能力

在家校合作模式下，学生不仅在知识上得到丰富和提升，还在情感、生活技能和社会交往能力等方面得到培养。这些能力对于学生的未来发展和社会适应能力至关重要。通过家校合作，学生能够更好地适应社会变化和发展需求，提高自己的综合素质。

3.促进家庭与学校的合作关系

家校合作模式不仅加强了家庭和学校之间的沟通与合作，还促进了双方之间的相互理解和信任。这种模式下，家庭和学校能够更好地分享彼此的经验和资源，共同为学生的成长提供支持。同时，家庭和学校也能够更好地了解彼此的需求和期望，共同为学生的未来发展制订计划。

家校合作模式下，初中学生事务的特点主要表现为多元化的教育方式、丰富的教育内容、密切的家校沟通以及对学生主体地位的强调。这些特点对于提高教育质量、增强学生的社会适应能力和促进家庭与学校的合作关系具有积极的影响。然而，家校合作模式在实际操作中仍存在一些挑战和问题，需要进一步研究和探讨，即如何完善家校合作机制、提高合作效果以及如何更好地满足学生的个性化需求等。未来研究可以进一步拓展家校合作的理论框架和实践经验，为培养更多优秀的人才贡献力量。

## 二、家校合作模式下初中学生事务的优势

（一）家校合作模式下初中学生事务的优势

1.全面了解学生，促进个性化发展

家校合作模式下，家庭和学校能够更好地了解学生的性格、兴趣、优点和

不足。通过双方的沟通和合作，可以针对学生的特点制订个性化的教育计划和发展方案。这种模式下，学生能够得到更全面的关注和支持，有利于促进他们的个性化发展。

2.提高教育效果，实现资源共享

家庭和学校在学生的教育过程中扮演着不同的角色，但都是为了促进学生的成长和发展。在家校合作模式下，双方可以相互补充、相互支持，共同提高教育效果。同时，家庭和学校可以共享彼此的资源，如家长可以为学校提供教育经费、学校可以向家长提供教育指导和支持等，实现资源共享和最大化利用。

3.加强情感联系，促进家校互信

家校合作模式下，家庭和学校之间的情感联系得到了加强。双方能够更好地了解彼此的需求和期望，增强彼此的信任和理解。这种情感联系有助于促进家庭和学校之间的合作，共同为学生的成长提供支持和帮助。

4.培养学生综合素质，提高社会适应能力

在家校合作模式下，学生不仅在知识上得到丰富和提升，还在情感、生活技能和社会交往能力等方面得到培养。这种全面的教育模式有助于培养学生的综合素质，提高他们的社会适应能力。通过家校合作，学生能够更好地适应社会变化和发展需求，为未来的成长打下坚实的基础。

（二）家校合作模式对学生发展的影响

1.增强学生的自尊心和自信心

在家校合作模式下，学生能够得到更多的关注和支持，这有助于增强他们的自尊心和自信心。当学生在学校中遇到困难时，家庭可以给予他们情感上的支持和鼓励；当学生在家庭中遇到问题时，学校可以提供必要的帮助和指导。这种模式下，学生能够更好地感受到自己被认可与受到尊重，从而增强自信心和自尊心。

2.培养学生的社会责任感和公民意识

在家校合作模式下，学生不仅在学校接受教育，也在家庭中接受教育。双方共同参与学生的成长过程，这有助于培养学生的社会责任感和公民意识。通过家校合作，学生能够更好地了解社会的发展需求和价值观，从而更好地融入社会、为社会作出贡献。

3.促进学生的全面发展和个性化成长

家校合作模式下，学生能够得到更全面的关注和支持，这有助于促进他们的全面发展和个性化成长。双方共同参与学生的教育过程，可以针对学生的特点制订个性化的教育计划和发展方案。这种模式下，学生能够更好地发挥自己的潜力和兴趣，实现个性化发展。

家校合作模式下，初中学生事务的优势主要表现在全面了解学生、提高教育效果、加强情感联系、培养学生综合素质等方面。这些优势对于学生的成长和发展具有积极的影响，通过家校合作能够增强学生的自尊心和自信心，培养学生的社会责任感和公民意识，促进学生的全面发展和个性化成长。

## 三、家校合作模式对学生事务管理的推动作用

（一）家校合作模式的内涵与特点

家校合作模式是一种以家庭和学校为基础，以学生为中心，旨在促进学生在德、智、体、美等方面全面发展的教育管理模式。它强调家庭和学校在教育过程中的密切合作，共同参与学生的成长过程。家校合作模式具有以下的特点。

1.强调家庭与学校的合作关系：家庭和学校不再是各自为政的教育主体，而是相互支持、相互配合的合作伙伴。

2.以学生为中心：家校合作模式的出发点和归宿点都是为了促进学生的全面发展，关注学生的需求和成长。

3.多元化的教育目标：家校合作模式不仅关注学生的知识学习，还注重学生的情感、道德、实践能力的培养。

4.充分利用资源：家校合作模式可以充分利用家庭和学校的资源，实现资源共享和优势互补。

（二）家校合作模式对学生事务管理的推动作用

1.提高管理效率和管理质量

家校合作模式下，家庭和学校能够更好地了解学生的需求和问题，共同参与学生事务管理。这种模式下，学生事务管理的信息传递更加畅通，管理效率

和管理质量得到了提高。同时，家庭和学校的合作也有助于及时发现和解决学生在校期间遇到的问题，减少管理成本。

2.促进学生的个性化发展

家校合作模式下，家庭和学校能够更好地了解学生的性格、兴趣、优点和不足。通过双方的沟通和合作，可以针对学生的特点制订个性化的教育计划和发展方案。这种模式下，学生能够得到更全面的关注和支持，有利于促进他们的个性化发展。

3.增强学生的社会责任感和公民意识

通过家校合作，学生能够更好地了解社会的发展需求和价值观，从而更好地融入社会、为社会作出贡献。同时，家校合作也有助于培养学生的社会责任感和公民意识，促进学生的全面发展和个性化成长。

4.增进家庭与学校的理解和信任

家校合作模式下，家庭和学校之间的沟通和交流得到了加强。双方能够更好地了解彼此的需求和期望，增强彼此的信任和理解。这种理解和信任有助于促进家庭和学校之间的合作，共同为学生的成长提供支持和帮助。同时，也有助于提高家长对学校教育管理的满意度和支持度。

（三）家校合作模式的具体实践

1.建立家校合作委员会：成立由家长代表、学校领导、教师代表等组成的家校合作委员会，负责制订家校合作计划和管理措施。

2.定期召开家长会：定期召开家长会，向家长汇报学校工作和学生表现情况，同时听取家长的意见和建议。

3.建立家长教师联系制度：建立家长教师联系制度，及时了解学生在校和在家的学习生活情况及时解决学生在校及在家遇到的问题。同时，鼓励家长积极参与学校教育活动，提高教育效果和质量，同时也有助于提高家长对学校教育管理的满意度和支持度。未来研究可以进一步拓展家校合作的理论框架和实践经验，为培养更多优秀的人才贡献力量。

# 第二节　家校合作模式下初中学生事务的实施方式

## 一、共同制订学生事务管理计划和制度

（一）家校合作模式的意义

家校合作模式是一种新型的教育管理模式，它强调家庭和学校在教育过程中的协作与配合。通过家校合作，可以更好地了解学生的需求和问题，从而提供更个性化和全面的教育支持。此外，家校合作还有助于增进家庭与学校之间的理解和信任，提高教育质量和效果。对于初中学生事务管理而言，家校合作模式具有以下三个意义。

1.更好地关注学生的多元化需求：初中学生的生理、心理和学业等方面都在发生变化，他们面临着多元化的需求和问题。通过家校合作，可以更全面地了解学生的需求和问题，从而提供有针对性的解决方案。

2.提高管理效率和管理质量：通过家校合作，家庭和学校可以共享资源，优势互补，从而提高管理效率和管理质量。家长可以更好地参与学校教育活动，从而增强学校教育的效果。

3.增强学生的自我管理能力：通过家校合作，学生可以更好地了解学校的管理要求和家庭的教育期望，从而增强自我管理能力。他们可以更好地适应学校生活，提高学习效果和个人素质。

（二）共同制订学生事务管理计划和制度的实践

在实践中，共同制订学生事务管理计划和制度是家校合作模式下初中学生事务实施的重要环节。下面将对此进行探讨。

1.建立共同的目标和愿景：在制定学生事务管理计划和制度之前，家庭和学校需要建立共同的目标和愿景。这包括培养学生的综合素质、促进学生的全面发展等方面。通过建立共同的目标和愿景，可以增强家庭和学校合作的凝聚力和向心力。

2.共同分析学生需求和问题：在制订学生事务管理计划之前，家庭和学校需要共同分析学生的需求和问题。这可以通过家长座谈会、教师研讨会、学生调查等方式进行。通过深入了解学生的需求和问题，可以制订更个性化和全面的管理计划。

3.共同制订学生事务管理计划：在分析学生需求和问题的基础上，家庭和学校可以共同制订学生事务管理计划。计划应该包括这样几个方面。

（1）学习方面：制订学习计划和管理制度，包括课程设置、学习目标、学习方法、考试安排等。同时，还要考虑如何激发学生的学习兴趣和动力，提高他们的学习效果。

（2）生活方面：制定生活管理制度和安全措施，包括作息时间、饮食安排、卫生习惯、体育锻炼等。还要关注学生的心理健康和生活习惯，提供必要的支持和帮助。

（3）社会实践方面：制订社会实践活动计划和管理制度，包括社会调查、志愿服务、文化交流等。通过社会实践活动，可以培养学生的社会责任感和实践能力。

4.共同制定学生事务管理制度：在制订学生事务管理计划的同时，家庭和学校还需要共同制定相关管理制度。这些制度应该包括如下方面：

（1）行为规范：制定学生的行为规范和奖惩制度，包括文明礼仪、课堂纪律、宿舍规定等。通过规范学生的行为举止，可以提高他们的自我约束能力和综合素质。

（2）沟通机制：建立有效的沟通机制，包括定期召开家长会、教师座谈会、学生代表会等。通过沟通，可以及时了解学生的情况，共同解决学生在学习和生活中遇到的问题。

（3）监督与评估机制：制定学生事务管理的监督与评估机制，定期对管理计划和制度的执行情况进行检查和评估。根据评估结果，及时调整和完善管理计划和制度，确保其有效性和可行性。

5.鼓励家长参与学校教育活动：在共同制订学生事务管理计划和制度的过程中，鼓励家长积极参与学校教育活动。这可以通过家长志愿者、家长委员会等方式实现。通过参与学校教育活动，家长可以更好地了解学校的教育理念和管理要求，同时也可以为学校提供宝贵的意见和建议。

6.加强与家长的沟通和反馈：在实施学生事务管理计划和制度的过程中，要加强与家长的沟通和反馈。这可以通过定期的家长会、电话沟通、短信通知等方式实现。通过沟通和反馈，可以让家长及时了解学生的情况，同时也可以从家长那里获取宝贵的意见和建议，共同促进学生的全面发展。

家校合作模式下，初中学生事务的实施是一项复杂而又重要的工作。通过共同制订学生事务管理计划和制度，可以更好地关注学生的多元化需求，提高管理效率和管理质量，增强学生的自我管理能力。在实践中，家庭和学校需要建立共同的目标和愿景，共同分析学生需求和问题，共同制订学生事务管理计划和相关管理制度。同时，还要鼓励家长参与学校教育活动，加强与家长的沟通和反馈。只有这样，才能更好地促进学生的全面发展，提高教育质量和效果。

## 二、家长参与学生事务管理和监督

家校合作模式下，初中学生事务的实施是一项复杂而又重要的工作。在实施过程中，家长参与学生事务管理和监督是不可或缺的一部分。

（一）家长参与学生事务管理和监督的重要性

1.促进家校合作：家长参与学生事务管理和监督可以加强家庭和学校之间的联系和合作，共同促进学生的成长和发展。通过家长和学校的合作，可以更好地了解学生的需求和问题，共同制订相应的管理计划和制度，提高教育质量和效果。

2.提高管理效率：家长参与学生事务管理和监督可以让学生事务管理者更加了解学生的家庭背景和生活环境，从而更好地针对学生的需求和问题制定相应的管理措施。同时，家长也可以通过参与学生事务管理和监督，更好地了解学校的教育理念和管理要求，从而更好地配合学校的管理工作，提高管理效率。

3.增强学生自我管理能力：家长参与学生事务管理和监督可以让学生更加了解自己的需求和问题，从而更好地制订自我管理计划和措施。通过家长的参与和监督，可以让学生更加自觉地遵守学校的管理制度，增强学生的自我管理能力，促进学生的全面发展。

（二）家长参与学生事务管理和监督的方法与途径

1.建立家长委员会：建立家长委员会是家长参与学生事务管理和监督的一种有效途径。家长委员会可以由各班选派一名家长代表组成，定期召开会议，共同商讨学生的事务管理和监督问题。通过家长委员会，可以让家长更加了解学校的管理要求和制度，同时也可以让学校更加了解家长的需求和意见与建议，共同促进学生的发展。

2.定期召开家长会：定期召开家长会可以让家长更加了解学生在学校的学习和生活情况，同时也可以让家长更加了解学校的管理要求和制度。在家长会上，可以让家长发表意见与建议，共同商讨学生的事务管理和监督问题，从而更好地促进学生的发展。

3.建立家长志愿者队伍：建立家长志愿者队伍可以让家长更加积极地参与到学生的事务管理和监督中来。家长志愿者可以为学生提供各种帮助和支持，如协助组织活动、提供生活照顾、参与教学辅助等。通过建立家长志愿者队伍，可以让家长更加了解学生的需求和问题，同时也可以为学生提供更多的支持和帮助。

4.加强与家长的沟通和反馈：加强与家长的沟通和反馈可以让家长更加及时地了解学生的学习和生活情况，同时也可以让学校更加及时地了解家长的需求和意见与建议。通过加强与家长的沟通和反馈，可以让家庭和学校更加紧密地合作，共同促进学生的发展。

（三）需要注意的问题

1.确定家长参与学生事务管理和监督的范围和方式：在实践中，需要明确家长参与学生事务管理和监督的范围和方式。这需要根据学生的需求和问题以及学校的实际情况来确定。同时，还需要制定相应的管理制度和流程，确保家长参与学生事务管理和监督的合法性和规范性。

2.注意保护学生的隐私权：在家长参与学生事务管理和监督的过程中，需要注意保护学生的隐私权。这包括不泄露学生的个人信息以及家庭背景等敏感信息。同时，还需要加强对涉及学生隐私权的管理人员的培训和管理，确保学生的隐私权得到充分保护。

3.充分发挥家长的积极作用：在实践中，需要充分发挥家长的积极作用。这包括鼓励家长积极参与学生事务管理和监督、为学校提供宝贵的意见和建议等。同时，还需要加强对家长的培训和支持，提高家长的教育素质和管理能力，让家长更好地参与到学生的事务管理和监督中来。

4.加强与教师的沟通和协作：在实践中，需要加强与教师的沟通和协作。这包括与教师共同制订管理计划和制度、协商管理措施等。同时，还需要加强对教师的培训和支持，提高教师的教学素质和管理能力，为家校合作模式下初中学生事务的实施提供更好的支持和保障。

## 三、家长和学校共同开展学生活动和教育工作

家校合作模式下，初中学生事务的实施是一个多方面、多层次的过程，其中家长和学校共同开展学生活动和教育工作是至关重要的一环。

（一）共同开展学生活动

1.组织文化活动：家长和学校可以共同组织各种文化活动，如文艺比赛、科技制作、书法绘画等，以培养学生的兴趣爱好和提高学生的文化素养。在活动中，家长可以担任策划、组织和裁判等角色，协助学校完成活动组织工作。同时，学校可以邀请家长参加学生的各种比赛和表演，增强家校之间的互动和合作。

2.组织体育活动：家长和学校可以共同组织各种体育活动，如运动会、篮球赛、足球赛等，以提高学生的身体素质和培养学生的团队合作精神。在活动中，家长可以担任教练、队员等角色，参与学生的训练和比赛过程。同时，学校可以邀请家长观看学生的比赛和表演，增强家校之间的互动和合作。

3.组织社会实践活动：家长和学校可以共同组织各种社会实践活动，如社区服务、环保活动、职业体验等，以提高学生的社会责任感和实践能力。在活动中，家长可以担任指导教师、志愿者等角色，协助学校完成活动组织工作。同时，学校可以邀请家长参与学生的实践过程，增强家校之间的互动和合作。

（二）共同开展教育工作

1.制订教育计划：家长和学校可以共同制订教育计划，明确学生的学习目标和教育内容。在制订计划时，家长可以提供学生的家庭情况和兴趣爱好等信息，为学校制订教育计划提供参考。同时，学校可以向家长介绍教育计划和实施情况，听取家长的意见和建议，共同完善教育计划。

2.合作辅导学习：家长和学校可以合作辅导学生学习，提高学生的学习成绩和学习效果。在合作辅导中，家长可以协助学生完成家庭作业、复习知识点等学习任务。同时，学校可以向家长提供学习资料和学习方法等方面的指导，让家长更好地辅导学生学习。

3.开展家庭教育指导：家长和学校可以开展家庭教育指导，提高家长的教育素质和管理能力。在指导中，可以向家长介绍家庭教育理念和方法、管理学生的技巧等知识。同时，还可以邀请教育专家和心理医生等专业人士为家长提供培训和支持，帮助家长更好地管理和教育学生。

4.监督和评估教育工作：家长和学校可以共同监督和评估教育工作以确保教育质量和效果。在监督和评估中，可以通过观察学生的表现和分析学生的学习成绩等方式，来了解学生的学习情况和问题，然后针对问题制定相应的措施来提高教育质量和效果；同时也可以通过定期召开家长会和座谈会等方式来加强与家长的沟通和合作，让家长更好地参与到学生的教育工作中来。

（三）需要注意的问题

1.建立有效的沟通机制：建立有效的沟通机制是家长和学校共同开展学生活动和教育工作的前提条件。需要制定相应的管理制度和流程确保沟通渠道的畅通和有效；同时还需要加强对沟通内容的保密工作，避免泄露学生和家长的隐私信息。

2.加强合作与协调：加强合作与协调是确保学生活动和教育工作的顺利实施的关键因素之一。需要建立合作小组或委员会等组织机构，明确各方的职责和权利，加强合作与协调工作，确保各项工作能够顺利实施；同时还需要加强对合作成果的评估工作，以便更好地完善各项工作。

3.充分发挥家长的积极作用：充分发挥家长的积极作用是家校合作模式下初中学生事务实施的重要内容之一。需要鼓励家长积极参与到学生的活动和教育工作中，为学校提供宝贵的意见和建议；同时还需要加强对家长的培训和支持，提高家长的教育素质和管理能力，让家长更好地参与到学生的活动和教育工作中。

## 四、加强对学生心理健康和品德教育的关注和指导

（一）家校合作模式下的对初中学生心理健康的关注和指导

1.建立心理健康课程体系

学校应当建立完善的心理健康课程体系，通过课堂教育提高学生的心理健康意识，帮助学生掌握情绪调节和压力应对的技能；同时，针对不同年级学生的心理特点，制定相应的心理健康课程，使学生能够在学习和生活中保持积极、健康的心态。

2.开展心理健康咨询与辅导

学校应设立心理咨询室，配备专业的心理咨询师，为学生提供个性化的心理健康咨询和辅导服务；同时，定期开展心理健康讲座和心理训练活动，增强学生的心理自我调节能力。

3.家校合作共同关注学生心理健康

学校与家长应当密切合作，共同关注学生的心理健康状况。家长应当关注孩子的心理变化，与孩子保持良好的沟通，及时发现和解决孩子的心理问题；同时，学校应定期与家长进行沟通，共同探讨孩子的心理健康问题，提供家庭教育的建议和指导。

（二）家校合作模式下的对初中学生品德教育的关注和指导

1.强化品德教育课程建设

学校应当加强品德教育课程建设，将品德教育贯穿于日常教育中。通过课堂教育培养学生的道德观念、行为习惯和社会责任感；同时，针对不同年级学生的认知水平，制定相应的品德教育内容和方法。

2.丰富品德教育实践活动

学校应组织丰富的品德教育实践活动，如志愿服务、社会实践、团队活动等，让学生在实践中体验道德的价值和意义；同时，通过评选优秀学生、先进集体等活动，树立榜样作用，激发学生的积极性和创造力。

3.家校合作共同引导学生的品德发展

学校与家长应当在品德教育方面形成合力，共同引导学生形成良好的品德。家长应当以身作则，言传身教，引导孩子树立正确的价值观和道德观；同时，学校应定期与家长进行沟通交流，了解学生在家庭中的表现和行为习惯，为家长提供相应的指导和建议。

（三）加强家校合作模式下的初中学生心理健康和品德教育的实施保障

1.建立合作机制

学校与家长应当建立稳定的合作机制，明确双方的职责和权利。通过定期召开家长会、座谈会、家长代表会议等形式，共同探讨学生的教育和成长问题，制订相应的计划和措施。

2.加强培训与学习

学校应当加强对教师和家长的培训和学习，提高其在心理健康和品德教育方面的专业素养和教育能力。通过举办专题讲座、培训班等形式，为教师和家长提供学习和交流的平台。

3.提供资源支持

学校应当为家长提供必要的资源支持，如心理咨询、家庭教育指导资料等。同时，学校还可以通过设立奖学金、提供实习机会等形式为学生提供支持。

# 五、及时解决学生在学校遇到的问题和困难

（一）家校合作模式下的问题解决机制

1.建立问题反馈机制

学校应建立一套问题反馈机制，确保学生在学校遇到的问题能够及时被发现和解决。这需要教师、家长和学生自身的参与和配合。教师需要密切关注学生的学习和行为变化，及时发现和解决学生在学习上的问题。家长需要与孩子

保持沟通，了解他们在学校的情况，及时发现和解决孩子在人际交往、情绪管理等方面的问题。学生自身也需要学会主动寻求帮助，及时向教师或家长反映自身的问题。

2.定期举行家长会

定期举行家长会是家校合作的重要环节。学校应定期向家长通报学生的情况，同时听取家长的意见和建议。通过家长会，学校可以与家长共同探讨学生的问题，制定相应的解决方案。同时，家长也可以通过家长会了解孩子在学校的情况，及时发现和解决孩子的问题。

3.设立问题热线

学校可以设立问题热线，为学生提供 24 小时的问题解答和咨询服务。学生可以通过电话、短信或网络等方式，随时向教师或家长咨询问题，寻求帮助。同时，学校还可以通过问题热线收集学生的意见和建议，及时改进教育教学工作。

（二）家校合作模式下的问题解决策略

1.学习问题的解决

针对学生在学习上遇到的问题，学校可以通过以下策略进行解决。

（1）个性化辅导：针对学生的学习困难，学校可以提供个性化辅导，帮助学生找到问题所在，制订学习计划，提高学习效果。

（2）学习小组：通过组织学习小组，让学生在互相帮助和学习中提高学习成绩。同时，学习小组还可以培养学生的团队协作能力和社交技能。

（3）拓展课程：针对学生的学习需求，学校可以开设拓展课程，如兴趣班、特长班等，激发学生的学习兴趣和潜能。

2.人际交往问题的解决

学生在人际交往中遇到的问题是常见的问题之一。针对这一情形，学校可以通过以下策略进行解决。

（1）社交技能培训：学校可以开设社交技能培训课程，帮助学生学会如何与人交往、沟通和处理人际关系。

（2）心理辅导：针对学生在人际交往中遇到的心理问题，学校可以提供心理辅导服务，帮助学生调整心态，提高人际交往能力。

（3）团队活动：通过组织团队活动，让学生在集体活动中提高团队协作能力和人际交往能力。

3.情绪管理问题的解决

学生在情绪管理方面遇到的问题也是常见的问题之一。针对于此，学校可以通过以下策略进行解决。

（1）情绪教育：学校可以开设情绪教育课程，帮助学生了解情绪的本质和作用，学会调节和管理自己的情绪。

（2）心理辅导：针对学生在情绪管理方面遇到的问题，学校可以提供心理辅导服务，帮助学生掌握情绪调节技巧，提高情绪管理能力。

（3）心理咨询：针对学生的情绪问题比较严重的情况，学校可以提供心理咨询服务，帮助学生深入了解自己的情绪问题，并提供专业的解决方案。

# 第三节　家校合作模式下初中学生事务的效果评估

## 一、评估体系的建立和完善

家校合作模式下初中学生事务的实施，旨在及时解决学生在学校遇到的问题和困难，为学生提供全面的支持。为了了解这种合作模式的效果，评估体系的建立和完善至关重要。

（一）评估体系的建立

1.确定评估目标

在建立评估体系之前，首先要明确评估的目标。对于家校合作模式下初中学生事务的效果评估，目标应包括以下几个方面。

（1）评估家校合作模式对学生学习和成长的促进效果；

（2）评估家校合作模式对学生解决问题和困难能力的提升效果；

（3）评估家校合作模式对学校和家庭之间沟通与合作的改善效果；

（4）评估家校合作模式对教师和家长参与度的提高效果。

2.制定评估指标

根据评估目标，制定具体的评估指标。评估指标应具有可操作性和可量化性，以便对家校合作模式的效果进行客观评价。以下是一些大致的评估指标。

（1）学生的学习成绩和综合素质提升程度；

（2）学生解决问题和困难的能力提高程度；

（3）学校和家庭之间的沟通与合作改善程度；

（4）教师和家长参与家校合作的积极性提高程度。

3.建立评估标准

针对每个评估指标，制定具体的评估标准。这些标准应明确每个指标的衡量尺度，以便对家校合作模式的效果进行准确评估。以下是一些具体的评估标准。

（1）学生的学习成绩提高幅度是否达到预期目标；

（2）学生解决问题和困难的能力是否得到显著提升；

（3）学校和家庭之间的沟通与合作是否更加密切和有效；

（4）教师和家长参与家校合作的积极性是否得到明显提高。

4.设计评估工具

为了进行实际评估，需要设计合适的评估工具。这些工具可以包括问卷调查、访谈、观察记录等。针对不同的评估指标和标准，选择合适的工具进行实际测量和评价。

（二）评估体系的完善

1.确保评估的公正性和客观性

在进行实际评估时，要确保评估的公正性和客观性。避免主观臆断和个人偏见对评估结果的影响，确保评估结果真实反映家校合作模式的效果。同时，要对评估数据进行科学统计和分析，避免误导结论。

2.及时调整评估指标和标准

随着家校合作模式的不断发展和完善，需要及时调整评估指标和标准。根据实际情况，对评估指标进行细化或调整，以适应家校合作模式的变化和发展；同时，要根据实际效果反馈，对评估标准进行修正和完善，确保评估体系的科学性和有效性。

3.增加多方参与度

在家校合作模式下，初中学生事务的评估体系需要增加多方参与度。除了学校和家庭之外，可以邀请教育专家、心理医生、社会工作者等第三方机构参与评估。多方参与可以增加评估的公正性和客观性，同时也有利于发挥各方的优势和专业性。

4.定期进行评估总结

在完成每次评估之后，要定期进行总结和分析。针对评估结果中存在的问题和不足，提出改进措施和建议；同时，也要总结家校合作模式中的成功经验和亮点，鼓励和推广好的做法。通过评估总结，不断优化家校合作模式下初中学生事务的实施效果。

## 二、评估标准的制定和实施

家校合作模式已成为现代教育的重要组成部分，对于促进初中学生的全面发展具有积极意义。为了准确评估家校合作模式的效果，需要建立一套科学、合理的评估标准。

（一）评估标准的制定

1.学生学习效果评估标准

针对家校合作模式下初中学生的学习效果，可以制定以下评估标准。

（1）学生成绩提高幅度：对比学生在家校合作模式实施前后的学习成绩，评估学生的学习进步程度。

（2）学习态度和习惯改善程度：观察学生在家校合作模式实施后的学习态度和习惯变化，评估学生的自我管理能力、时间安排能力等。

（3）综合素质提升程度：结合学生的兴趣爱好、团队协作能力、社会实践经验等方面，评估学生的综合素质提升程度。

2.解决问题和困难能力评估标准

家校合作模式下，学生解决问题和困难能力的评估标准有如下几点。

（1）问题解决策略的有效性：观察学生在面对问题和困难时所采取的解决策略，评估其策略的有效性和实用性。

（2）解决问题的效率：记录学生在解决问题时所需的时间和精力，评估其解决问题的效率。

（3）克服困难的决心和能力：观察学生在面对困难时的表现，评估其克服困难的决心和实际能力。

3.家校合作沟通与合作效果评估标准

针对家校合作模式下学校与家庭之间的沟通与合作效果，可以制定以下评估标准。

（1）沟通渠道的畅通性：检查学校与家庭之间是否建立了多渠道的沟通方式，确保信息传递的畅通性。

（2）合作内容的丰富度：分析家校合作过程中合作内容的丰富程度，包括学生的学习、生活、心理等方面。

（3）合作效果的满意度：通过问卷调查、访谈等方式了解学校、家庭对家校合作效果的满意度，评估家校合作的成效。

4.教师和家长参与度评估标准

教师和家长在家校合作模式中的参与程度，可以制定以下评估标准。

（1）教师参与度：观察教师在家校合作过程中参与的频率和深度，了解教师对家校合作的重视程度。

（2）家长参与度：统计家长在家校合作过程中参与的次数和质量，了解家长对家校合作的投入程度。

（3）教师和家长的协同能力：评估教师在与家长沟通、协作时的表现，以及家长对教师工作的支持和理解程度。

（二）评估标准的实施

1.制定实施方案

为确保评估标准的顺利实施，需要制定详细的实施方案。方案应包括评估的目的、对象、时间、方式、人员安排等方面，确保评估工作有序进行。

2.培训评估人员

对参与评估的人员进行培训，确保他们了解评估标准的具体内容和要求。培训内容包括评估方法、观察技巧、问卷调查设计等，以确保评估结果的准确性和可靠性。

3.实施具体评估

根据实施方案，开展具体的评估工作。采用多种评估方法，如问卷调查、访谈、观察记录等，收集相关数据和信息。同时，要注意保护被评估者的隐私和权益。

## 三、对家校合作模式下初中学生事务管理的反思和总结

初中阶段是学生成长的关键时期，他们的生理和心理都对产生巨大变化。同时，这一阶段的学生正处于青春期，面临着诸多挑战和困惑。因此，家校合作模式成了初中学生事务管理的重要方式。

（一）家校合作模式的意义

家校合作模式对于初中学生事务管理具有重要的意义。首先，家校合作模式能够充分发挥家庭和学校的优势，形成教育合力，促进学生的全面发展。其次，家校合作模式能够提高家长对学校教育的参与度和满意度，增强学校与家庭之间的信任与合作。最后，家校合作模式能够有效地解决学生在成长过程中遇到的问题和困难，提高学生的学习效果和生活质量。

（二）家校合作模式的实施方式

家校合作模式的实施方式多种多样，以下是几种常见的实施方式。

1.家长会：家长会是学校与家长进行沟通的重要渠道。学校可以定期召开家长会，向家长汇报学生的学习情况和生活状态，听取家长的意见和建议，共同探讨学生的教育问题。

2.个别交流：个别交流是家校合作模式下针对性较强的实施方式。教师可以通过电话、短信、面谈等方式与家长进行个别交流，了解学生的家庭情况、性格特点、兴趣爱好等，以便更好地指导学生的学习和生活。

3.家访：家访是教师深入了解学生家庭情况的有效途径。教师可以通过家访了解学生的家庭环境、家庭氛围、家庭教育方式等，与家长共同探讨学生的教育问题，制定有针对性的教育方案。

4.网络平台：网络平台是家校合作模式下便捷高效的实施方式。学校可以通过建立微信公众号、班级微信群、学校网站等网络平台，向家长发布学校通知、教育理念、教学动态等信息；同时也可以通过这些平台收集家长的意见和建议，实现家校互动。

（三）家校合作模式下初中学生事务管理的效果评估

为了准确评估家校合作模式下初中学生事务管理的效果，需要从以下几个方面进行评估。

1.学生学习效果的提升：通过对比家校合作模式实施前后的学生学习成绩和表现，可以评估学生的学习效果是否得到提升。如果学生的学习成绩和表现有所提高，说明家校合作模式对于学生的学习效果具有积极的影响。

2.问题解决能力的提升：通过观察家校合作模式下学生解决问题的策略和方法的变化，可以评估学生的问题解决能力是否得到提升。如果学生在解决问题时更加得心应手、方法多样，说明家校合作模式对于学生的问题解决能力具有积极的影响。

3.家校沟通与合作的改善：通过调查问卷和访谈等方式了解家校沟通与合作的实际情况，可以评估家校合作模式是否改善了家校沟通与合作的效果。如果家长对学校的满意度提高，学校与家庭之间的信任度增强，说明家校合作模式对于家校沟通与合作具有积极的影响。

4.教师和家长参与度的提高：通过观察教师和家长在家校合作模式中的参与程度和积极性，可以评估教师和家长是否更加重视学生的教育问题。如果教师和家长更加积极地参与学生的教育过程，说明家校合作模式对于教师和家长的参与度具有积极的影响。

## 四、根据评估结果调整和优化家校合作模式

家校合作模式对于初中学生事务管理具有重要的意义，能够充分发挥家庭和学校的优势，形成教育合力，促进学生的全面发展。然而，在实际操作中，家校合作模式仍存在一些问题，需要不断调整和优化。

（一）评估结果

经过对家校合作模式下初中学生事务管理的效果进行评估，我们发现了一些问题：

1.沟通机制不够完善：在沟通机制方面，学校与家长之间的沟通还存在一些障碍和不便。部分家长反映沟通渠道不够畅通，信息传达不够及时和准确。

2.教师培训和教育不足：教师是家校合作模式的重要实施者，他们的素质和能力直接影响到家校合作的效果。然而，评估结果显示，部分教师的沟通技巧和能力水平还有待提高，对家庭教育指导的能力也需进一步加强。

3.家校合作活动缺乏多样性：家校合作模式下，学校组织的活动形式比较单一，缺乏创新性和吸引力。家长参与的积极性不高，影响了家校合作的效果。

4.家校合作中的角色定位不够明确：在家校合作中，学校和家庭的角色定位应该清晰明确。然而，评估结果显示，部分家庭和学校在角色定位上存在模糊和混乱，影响了家校合作的效率和质量。

（二）调整和优化策略

针对以上评估结果，我们将从以下几个方面对家校合作模式进行调整和优化。

1.完善沟通机制：为了加强学校与家长之间的沟通，我们将进一步完善沟通机制。具体措施包括：建立定期家长会制度，定期向家长汇报学生学习和生活情况；设立家长信箱和热线电话，方便家长随时与学校联系；加强学校网站建设，及时发布学校通知、教育理念、教学动态等信息。

2.加强教师培训和教育：针对教师素质和能力方面的问题，我们将进一步加强教师培训和教育。具体措施包括：定期组织教师参加家庭教育理论学习；开展沟通技巧和能力提升的培训活动；邀请家庭教育专家为教师进行指导与交流。

3.丰富家校合作活动形式：为了提高家长参与的积极性和主动性，我们将丰富家校合作活动的形式。具体措施包括：开展亲子活动、家长志愿者日等特色活动；组织家长沙龙、座谈会等交流活动；鼓励班级或年级自行组织形式多样的家校合作活动。

4.明确家校合作中的角色定位：为了提高家校合作的效率和质量，我们将进一步明确学校和家庭在角色定位上的分工与合作。具体措施包括：制订明确的家校合作计划和责任分工；建立家庭与学校之间的定期沟通机制；设立家长委员会等组织机构，协助学校开展各项活动。

5.增强信息化技术的应用：利用现代信息化技术手段，提高家校合作的效率和质量。例如，开发家校互动 APP 或微信小程序，实现家庭与学校之间的在线交流与互动；建立家长、教师、学生的个人信息库和档案库，方便信息查询和管理。

6.建立科学的评价机制：为了确保家校合作模式的持续改进和提高，我们将建立科学的评价机制。具体措施包括：定期对家校合作活动进行评价和总结；设立表彰制度，对表现优秀的教师、家长和学生进行表彰；鼓励家长对学校工作提出意见和建议，促进学校不断改进和提高。

7.加强与社会的联系与合作：为了更好地发挥家校合作模式的作用和影响力，我们将加强与社会的联系与合作。具体措施包括：加强与社区、企事业单位的联系与合作；开展家庭教育讲座、培训等活动；鼓励家长参与社会公益事业和文化交流活动等。

通过对家校合作模式的调整和优化，我们将进一步提高初中学生事务管理的效果和质量。同时，我们也将不断探索和实践更加科学合理的家校合作模式，为学生的健康成长和社会发展作出更大的贡献。未来，我们将继续关注家校合作领域的发展动态和趋势，不断更新教育理念和方法手段，为培养更多优秀的人才而努力奋斗。

# 第六章 家校合作模式在初中学校危机管理中的应用

## 第一节 家校合作模式下初中学校危机管理的特点与优势

### 一、家校合作模式下初中学校危机管理的特点

初中学校危机管理是学校管理的重要组成部分。它涉及学校的正常运行和师生的安全。在当前的背景下，家校合作模式已经被越来越多的初中学校所采用，它通过加强家庭和学校之间的合作，形成教育合力，促进学生的全面发展。然而，家校合作模式下的初中学校危机管理仍然存在一些问题，需要我们进一步探讨和解决。

（一）家校合作模式下初中学校危机管理的特点

1.互动性：家校合作模式下，学校与家长之间的互动更加频繁和紧密。在危机管理中，学校需要与家长保持密切的联系，及时沟通危机事件的发展情况，共同制定应对措施。同时，家长也可以通过与学校的沟通，更好地了解学校的危机管理措施和方案，从而更好地配合学校的工作。

2.多元性：家校合作模式下，初中学校危机管理不再是单一的学校行为，而是需要家庭、学校、社会等多方面的参与。在危机管理中，学校需要与家长、社区、政府等相关部门建立密切的合作关系，共同应对危机事件。同时，家长也可以通过参与学校的危机管理，更好地了解学校的运行情况和学生的成长状况。

3.预防性：家校合作模式下，初中学校危机管理更加注重预防。在危机管理中，学校需要加强对潜在危机的监测和预警，及时发现和处理危机事件。同

时，家长也可以通过与学校的合作，更好地了解学校的安全管理和危机应对措施，从而更好地配合学校的工作。

（二）家校合作模式下初中学校危机管理存在的问题

1.沟通不畅：在当前的初中学校危机管理中，学校与家长之间的沟通还存在一些问题。有些学校缺乏与家长沟通的渠道和机制，信息传达不够及时和准确；有些学校与家长的沟通方式比较单一，缺乏有效的互动和交流；还有些学校对家长的意见和建议不够重视，影响了家校合作的成效。

2.缺乏协同：在当前的初中学校危机管理中，家庭、学校、社会等各方之间的协同还不够紧密。有些家庭对学校的危机管理缺乏了解和支持；有些社区对学校的危机管理缺乏有效的参与和协助；还有些政府部门对学校的危机管理缺乏有效的指导和监督。这些因素都影响了家校合作模式下初中学校危机管理的效果和质量。

3.预防不足：在当前的初中学校危机管理中，有些学校对危机的预防还不够重视。有些学校缺乏对潜在危机的监测和预警机制；有些学校对危机管理的培训和教育不够重视；还有些学校对家长的参与和支持不够重视。这些因素都可能导致危机事件的发生和扩大化。

（三）加强家校合作模式下初中学校危机管理的对策建议

1.建立有效的沟通机制：为了加强家校合作模式下初中学校危机管理中的沟通效果，我们需要建立有效的沟通机制。具体措施包括：设立定期的家长会制度、家长代表制度等机制，让家长有更多的机会参与到学校的危机管理中；建立及时有效的信息传达机制，让家长和学校都能够及时掌握危机事件的发展情况；加强与家长的沟通和交流，让家长有更多的机会参与到学校的危机管理中。

2.加强各方之间的协同：为了加强家校合作模式下初中学校危机管理中的协同效果，我们需要加强家庭、学校、社会等各方之间的协同。具体措施包括：加强家庭和学校之间的合作和教育，让家长有更多的机会参与到学校的危机管理中；加强社区对学校的支持和协助；加强政府部门对学校的指导和监督等。

## 二、家校合作模式对学校危机管理的重要作用

学校危机管理是学校管理的重要组成部分。它关系到学校的正常运行和师生

的安全。在当前的背景下，家校合作模式已经被越来越多的学校所采用。它通过加强家庭和学校之间的合作，形成教育合力，促进学生的全面发展。然而，家校合作模式下的学校危机管理仍然存在一些问题，需要我们进一步地加以解决。

（一）家校合作模式对学校危机管理的作用

1.提高危机意识：家校合作模式下，家庭和学校之间的联系更加紧密，可以共同提高师生的危机意识。通过家庭和学校的合作，可以加强对学生的教育和引导，帮助他们了解潜在的危机风险，掌握应对危机的方法和措施。同时，家长也可以通过与学校的沟通，了解学校的安全管理和危机应对措施，从而更好地配合学校的工作。

2.加强信息沟通：家校合作模式下，家庭和学校之间的信息沟通更加及时和准确。在危机管理中，及时准确的信息沟通至关重要。通过家庭和学校的合作，可以建立有效的信息沟通机制，及时传递危机事件的信息和进展情况，共同制定应对措施。同时，家长也可以通过与学校的沟通，了解学生的情况和发展动态，及时反馈学生的需求和问题。

3.优化资源配置：家校合作模式下，家庭、学校、社会等各方可以共同参与危机管理，实现资源的共享和优化配置。在危机管理中，资源是非常重要的因素。通过家庭和学校的合作，可以整合家庭、学校、社会等各方的资源，共同应对危机事件。同时，家长也可以提供一些有用的资源和支持，帮助学校更好地应对危机事件。

4.提高应对能力：家校合作模式下，家庭和学校之间的协作更加紧密，可以提高应对危机的能力和效率。通过家庭和学校的合作，可以加强对危机事件的监测和预警，及时发现和处理危机事件。同时，家长也可以通过与学校的合作，了解学生的需求和问题，提供更加个性化和针对性的支持和服务。这种合作模式可以提高应对危机的能力和效率，减少危机事件对学校和学生的影响。

5.增强公信力：家校合作模式下，家庭和学校之间的合作关系更加紧密，可以增强学校的公信力和形象。通过家庭和学校的合作，可以建立更加透明和公开的沟通机制，加强各方之间的信任和理解。同时，家长也可以通过参与学校的危机管理，更好地了解学校的运行情况和学生的成长状况。这种合作模式可以增强学校的公信力和形象，提高学校的声誉和影响力。

（二）加强家校合作模式下的学校危机管理

1.建立有效的沟通机制：加强家庭和学校之间的沟通是关键。学校应该建立有效的沟通机制，包括定期的家长会、学生座谈会、电话访问等渠道，及时与家长进行沟通和交流。同时，家长也应该积极参与学校的活动和管理，了解学校的运行情况和学生的发展状况。

2.加强各方之间的协同：学校应该与当地政府、社区、医疗机构等相关方加强协同，共同应对危机事件。各方应该明确各自的职责和分工，建立有效的协作机制。同时，学校还应该加强与家长之间的协同，共同制定应对措施和方案。

3.加强预防工作：学校应该加强预防工作，建立完善的安全管理和危机应对机制。要加强对学生、教师、管理人员等各方的安全教育和培训工作，提高他们的安全意识和应对能力，同时还要加强对校园安全的巡查和维护工作，及时发现和处理潜在的安全隐患问题。

# 第二节　家校合作模式下初中学校危机管理的实施方式

## 一、建立家校合作危机管理机制

（一）家校合作危机管理机制的建立

1.建立家校合作危机管理小组

初中学校可以成立一个由学校领导、教师、家长代表和学生干部组成的家校合作危机管理小组。该小组的职责包括制订危机管理计划、组织危机培训、协调危机应对措施以及监督危机管理的执行情况。通过小组的合作和协调，可以实现对危机事件的有效管理和控制。

2.加强信息沟通与共享

家校合作危机管理小组应该建立有效的信息沟通机制，包括定期召开会议、及时通报危机事件进展情况、共同分析潜在的危机风险等。同时，小组还应该加强与媒体、社会组织和相关部门的沟通与合作，及时获取更多的信息和支持。

3.制订危机管理计划

初中学校应该根据自身的实际情况，制订符合自身特点的危机管理计划。该计划应该包括危机事件的分类、应对措施、人员分工、资源调配等方面。同时，还应该根据不同危机事件的特点，制定相应的应急预案和应对措施。

4.加强危机预警与监测

初中学校应该加强对危机事件的预警和监测工作，及时发现和处理潜在的危机风险。可以通过定期开展安全检查、加强校园巡逻、建立学生安全档案等方式来加强危机预警和监测工作。同时，还可以通过家长代表和学生的参与，及时反馈信息和问题。

5.开展危机应对培训

初中学校应该定期开展危机应对培训，提高师生和家长的危机意识和应对能力。培训内容可以包括安全知识、应急预案、应对措施等方面。同时，还可以邀请专业人士举办讲座和指导，提高培训的质量和效果。

6.建立监督与评估机制

初中学校应该建立监督与评估机制，对家校合作危机管理小组的工作进行监督和评估。可以通过定期开展自查、接受第三方评估、向家长和社会公众公开评估结果等方式来加强监督和评估工作。同时，还可以通过奖励机制来激励小组成员更好地参与和支持危机管理工作。

（二）加强家校合作模式下初中学校危机管理的措施

1.加强宣传教育

初中学校应该加强对师生和家长的宣传教育，提高他们对危机事件的认识和应对能力。可以通过开展安全知识讲座、制作宣传海报、发放宣传资料等方式来加强宣传教育。同时，还可以通过组织模拟演练等方式来提高师生的应急反应能力。

2.加强心理健康教育

初中阶段是学生心理发展的重要时期，学校应该加强对学生的心理健康教育。可以通过开设心理健康课程、开展心理咨询和心理辅导等方式来加强心理健康教育。同时，还可以通过加强与家长的沟通与合作，共同关注学生的心理健康问题。

3.加强校园安全管理

初中学校应该加强校园安全管理，提高安全防范能力。可以通过加强校园巡逻、安装监控设备、加强门禁系统管理等方式来加强校园安全管理。同时，还可以通过定期开展安全检查和隐患排查等方式来及时发现和处理潜在的安全隐患问题。

## 二、加强学校与家长之间的沟通与协调

（一）加强学校与家长之间的沟通与协调的必要性

1.共同关注学生的成长

学校和家长都有一个共同的目标，即希望学生能够健康成长。通过加强沟通与协调，学校和家长可以更加了解学生的情况，包括学习、生活、情感等方面。这样可以帮助学校更好地制订教育计划，同时也能够帮助家长更好地了解孩子，从而提供更好的家庭教育支持。

2.解决潜在的危机问题

家校合作危机管理小组应该建立有效的信息沟通机制,包括定期召开会议、及时通报危机事件进展情况、共同分析潜在的危机风险等。同时，小组还应该加强与媒体、社会组织和相关部门的沟通与合作，及时获取更多的信息和支持。通过加强沟通与协调，学校和家长可以共同发现和解决潜在的危机问题，从而更好地保障学生的安全和健康成长。

3.提高教育质量和效果

通过加强学校与家长之间的沟通与协调，可以促进双方之间的相互了解和信任。这样可以帮助学校更好地了解家长的需求和期望，从而更好地调整教育策略和方法。同时，家长也可以更好地了解学校的教育理念和教育方式，从而提供更好的家庭教育支持。这种合作可以提高教育质量和效果，为学生提供更好的教育服务。

（二）加强学校与家长之间沟通与协调的措施

1.建立有效的沟通渠道

建立有效的沟通渠道是加强学校与家长之间沟通与协调的基础。可以通过多种方式建立沟通渠道，如定期召开家长会、建立家长委员会、开设家长课堂等。这些渠道可以促进双方之间的交流和互动，及时发现和处理问题。

2.加强信息共享和反馈

学校和家长之间应该加强信息共享和反馈。学校应该及时向家长通报学生的情况，包括学习、生活、情感等方面。家长也应该及时向学校反馈孩子的情况，包括在家表现、情感状态等。这种信息共享和反馈可以帮助双方更好地了解孩子的情况，共同制订更好的教育计划。

3.建立信任和合作关系

学校和家长之间应该建立信任和合作关系。双方应该相互尊重、相互理解，共同制订教育计划和方法。可以通过多种方式建立信任和合作关系，如共同参与教育活动、互相提供支持等。这种信任和合作关系可以促进双方的相互理解和合作，更好地促进学生的成长和发展。

4.加强宣传和教育

加强宣传和教育可以促进学校与家长之间的沟通和协调。可以通过多种方式进行宣传和教育，如开设宣传网站、制作宣传海报、发放宣传资料等。这些宣传和教育可以帮助家长更好地了解学校的教育理念和教育方式，从而更好地配合学校的工作。

加强学校与家长之间的沟通与协调是家校合作模式下初中学校危机管理的重要环节。通过建立有效的沟通渠道、加强信息共享和反馈、建立信任和合作关系以及加强宣传和教育等措施，可以促进学校与家长之间的相互理解和合作，更好地保障学生的安全和健康成长。

## 三、共同参与危机事件的应对和处理

（一）家校合作模式下初中学校共同参与危机事件应对和处理的必要性

1.保障学生的安全和健康

初中学校作为学生成长的重要场所，保障学生的安全和健康是其首要任务。

通过家校合作，可以共同应对和处理危机事件，及时发现和解决问题，从而更好地保障学生的安全和健康。

2.增强学校的危机管理能力

家校合作模式下，初中学校可以借助家长的力量，共同应对和处理危机事件。通过与家长的协作，学校可以更加全面地了解学生的情况，及时掌握危机事件的发展动态，从而更加有效地进行危机管理。同时，家长也可以通过家校合作，更好地了解学校的危机管理策略和方法，从而提供更好的支持和配合。

3.促进学生的健康成长

家校合作的目的是为了促进学生的健康成长。通过共同参与危机事件的应对和处理，可以为学生提供更加全面和有效的支持和帮助。同时，也可以增强学生的自我保护意识和能力，培养学生的危机应对能力，从而更好地促进学生的健康成长。

（二）家校合作模式下初中学校共同参与危机事件应对和处理的措施

1.建立共同参与的危机应对机制

初中学校应该与家长共同建立危机应对机制，明确各自的责任和义务。可以通过制定《家校合作危机应对方案》，明确危机事件的应对流程、责任人、信息通报方式等。同时，也可以建立由学校领导、教师代表、家长代表组成的危机管理小组，令各方共同参与危机事件的应对和处理。

2.加强信息共享和沟通协作

初中学校应该加强与家长之间的信息共享和沟通协作。可以通过定期召开家长会、家长代表会议、建立微信群等方式，及时通报学生的情况，包括学习、生活、情感等方面。同时，也可以向家长宣传学校的危机管理策略和方法，提高家长的危机意识和应对能力。通过信息共享和沟通协作，可以增强双方的相互了解和信任，更好地应对和处理危机事件。

3.提供专业支持和培训

初中学校应该为家长提供专业支持和培训，提高家长的危机应对能力和自我保护意识。可以通过开设专题讲座、培训课程等方式，向家长传授危机应对技巧和自救方法。同时，也可以邀请专业人士为家长提供心理咨询和支持，帮助家长更好地应对和处理危机事件带来的心理压力。

4.做好事后总结和评估

初中学校应该做好危机事件发生后的总结和评估工作。可以通过对危机事件的深入分析，总结经验教训，进一步完善危机管理方案。同时，也可以对参与危机管理的各方进行评估，了解各自的优缺点和不足之处，从而更好地进行改进和提高。通过事后总结和评估，可以增强初中学校的危机管理能力，更好地保障学生的安全和健康成长。

家校合作模式下初中学校共同参与危机事件的应对和处理是促进学生健康成长的重要环节。通过建立共同参与的危机应对机制、加强信息共享和沟通协作、提供专业支持和培训以及做好事后总结和评估等措施，可以更好地保障学生的安全和健康成长；同时增强学校的危机管理能力，为学生的成长创造更加良好的环境和条件。

## 四、加强对学生心理健康和安全教育的关注和指导

（一）家校合作模式下初中学校加强学生心理健康教育的措施

1.建立心理健康教育和咨询机制

初中学校应建立心理健康教育和咨询机制，为学生提供专业的心理辅导和支持。通过开设心理健康课程、建立心理辅导室、聘请专业心理咨询师等方式，为学生提供心理健康教育、心理问题咨询和心理治疗等方面的支持。同时，学校还应加强对教师心理健康教育的培训，提高教师的心理健康意识和能力。

2.加强家校合作，共同关注学生心理健康

学校应与家长建立紧密的合作关系，共同关注学生的心理健康。通过定期召开家长会、家长代表会议、建立家长微信群等方式，及时了解学生的心理状况，向家长宣传心理健康知识，提高家长的心理健康意识。同时，学校还可以邀请家长参与心理辅导活动，增进家长与学生之间的沟通和理解。

3.开展心理健康宣传和教育活动

初中学校应积极开展心理健康宣传和教育活动，提高学生的心理健康意识和自我保护能力。可以通过举办心理健康知识竞赛、心理讲座、心理电影欣赏

等方式，引导学生关注自己的心理健康，学会自我调节和应对心理问题。

（二）家校合作模式下初中学校加强学生安全教育的措施

1.完善安全教育课程体系

初中学校应完善安全教育课程体系，将安全教育纳入日常教学中。通过开设安全教育课程、组织安全演练等活动，使学生掌握基本的安全知识和技能。同时，在学科教学中也应渗透安全教育的内容，提高学生的安全意识和自我保护能力。

2.加强家校合作，共同传授安全知识

学校应与家长合作，共同传授学生安全知识。通过定期召开家长会、家长代表会议、建立家长微信群等方式，向家长宣传安全知识，提高家长的安全意识和能力。同时，可以邀请家长参加学校的安全教育活动，增进家长与孩子之间的沟通和互动。

3.开展形式多样的安全教育活动

初中学校应积极开展形式多样的安全教育活动，提高学生的安全意识和自我保护能力。可以通过举办安全知识竞赛、安全讲座、安全展览等方式，引导学生关注自身安全问题。同时，还可以组织学生进行安全演练、模拟演练等活动实践掌握的安全知识。另外，也可以邀请消防员、警察等专业人士来校进行安全知识的宣传和教育活动，增加学生对相关安全知识和技能的认知水平和实践能力；组织学生进行社会实践和社会调查活动增强学生对社会安全的认知和了解程度，从而更加有效地保障自身的安全。

家校合作模式下初中学校需要积极采取措施，加强对学生心理健康和安全教育的关注和指导。首先，建立完善的心理健康教育机制和安全教育课程体系，加强与家长的紧密合作，共同关注学生的心理健康和安全问题；其次，积极开展形式多样的心理健康宣传和教育活动以及安全教育活动，提高学生的心理健康意识和自我保护能力；最后，建立完善的危机应对机制，做好危机管理工作，从而更好地保障学生的身心健康和安全成长。

## 五、对危机事件进行总结和反思，加强预防措施

（一）家校合作模式下初中学校对危机事件的总结和反思

1.对危机事件进行全面总结

初中学校应对已发生的危机事件进行全面总结，深入分析事件发生的原因、经过、结果及影响。通过总结，找出学校在管理、教育、预防等方面存在的问题和不足，为今后的工作提供经验和教训。

2.对危机事件进行深刻反思

初中学校应对危机事件进行深刻反思，从不同角度审视事件，找出自身的不足和缺陷。同时，应积极反思家校合作模式在危机事件中的表现和作用，进一步优化家校合作机制，提高危机应对能力。

（二）家校合作模式下初中学校加强预防措施的建议

1.建立健全危机预防机制

初中学校应建立健全危机预防机制，制定详细的应急预案，明确责任分工和应对流程。同时，应加强与家长的沟通和联系，建立紧密的合作关系，共同应对危机事件。通过定期召开家长会、家长代表会议、建立家长微信群等方式，及时了解学生情况，向家长宣传预防知识，提高家长的危机意识。

2.加强学生心理健康教育和心理辅导

初中学校应加强学生心理健康教育和心理辅导，提高学生的心理素质和自我调节能力。通过开设心理健康课程、建立心理辅导室、聘请专业心理咨询师等方式，为学生提供心理健康教育、心理问题咨询和心理治疗等方面的支持。同时，应关注学生的心理健康状况，及时发现和解决潜在问题，防止因心理问题引发的危机事件。

3.加强校园安全管理，完善安全制度

初中学校应加强校园安全管理，完善安全制度，确保校园安全稳定。应制定详细的安全管理制度和应急预案，明确责任分工和应对流程。同时，应加大校园巡逻和安保力度，提高校园安全防范水平。针对可能存在的安全隐患，应定期进行检查和整改，确保校园环境的安全性。

4.开展危机演练和安全教育活动

初中学校应定期开展危机演练和安全教育活动，提高学生应对危机事件的能力。通过模拟火灾、地震等突发事件，组织学生进行应急演练和疏散演习等活动实践，掌握应急预案的流程和自救互救技能；另外，可以邀请消防、警察等专业人士来校进行应急知识和技能的宣传和教育活动，增加学生对相关应急知识的认知水平和实践能力，同时还可以组织学生进行社会实践和社会调查活动，增强学生对社会安全的认知和了解程度，从而更加有效地保障自身的安全。

家校合作模式下初中学校需要积极采取措施，对危机事件进行总结和反思并加强预防措施。首先，建立健全危机预防机制和心理健康教育与心理辅导机制；其次，加强校园安全管理完善安全制度并开展形式多样的安全教育活动及危机演练活动，增强学生的安全意识和自我保护能力；最后，建立完善的危机应对机制，做好危机管理工作，从而更好地保障学生的身心健康和安全成长。

# 第三节　家校合作模式下初中学校危机管理的效果评估

## 一、对家校合作模式下初中学校危机管理的反思和总结

初中学校作为学生成长的重要场所，其安全与稳定对于学生的身心健康和全面发展具有重要意义。近年来，随着社会环境的变化和学校教育管理的复杂性增加，初中学校危机事件频发，给学生的安全和健康带来严重威胁。家校合作模式作为现代教育管理的重要方式，在初中学校危机管理中发挥着重要作用。

（一）家校合作模式下初中学校危机管理的现状

1.家校合作模式的建立

家校合作模式是指学校与家长之间建立紧密的合作关系，共同参与学生的教育和管理。初中学校通过建立家长委员会、家长会、家长代表会议等机制，加强与家长的沟通和联系，共同制订危机管理计划和应急预案，确保学生的安

全和稳定。

2.危机事件的应对

初中学校在应对危机事件时，能够迅速响应，积极与家长、公安、消防等部门协调配合，及时解决问题，确保学生的生命安全和财产安全。同时，学校能够针对不同类型危机事件制定相应的应急预案，明确责任分工和应对流程，提高应对效率。

3.危机管理的不足

尽管初中学校在家校合作模式下取得了一定的成果，但在危机管理中仍存在一些不足。例如，部分学校对危机事件的预防措施不够重视，缺乏系统的预防机制；部分学校在应对危机事件时缺乏经验和技术支持，导致应对效果不佳；部分学校与家长的沟通合作不够紧密，家长参与度不高。

（二）家校合作模式下初中学校危机管理的反思

1.对危机预防的反思

初中学校应当加强对危机预防的重视，制订全面的预防计划和措施。首先，学校应当建立健全安全管理制度和应急预案，明确责任分工和应对流程；其次，学校应当加大校园巡逻和安保力度，提高校园安全防范水平；最后，学校应当加强学生心理健康教育和心理辅导，提高学生的心理素质和自我调节能力。

2.对危机应对的反思

初中学校在应对危机事件时，应当加强技术应用和科学应对。首先，学校应当通过迅速响应，及时上报相关信息，与相关部门协调配合；其次，学校应当根据不同类型的危机事件制定相应的应急预案，明确责任分工和应对流程；最后，学校应当加强对学生和家长的安抚工作，及时公开信息，消除恐慌情绪。

3.对家校合作的反思

初中学校应当加强与家长的沟通联系，建立紧密的合作关系。首先，学校应当定期召开家长会、家长代表会议等机制以加强与家长的沟通和联系；其次，学校应当建立完善的家长参与机制鼓励家长积极参与学生的教育和管理；最后，学校应当加强与家长的沟通和联系，建立紧密的合作关系，共同制订危机管理计划和应急预案，确保学生的安全和稳定。同时，应注重对家长的培训工作，增强其对学校安全管理制度的了解和掌握程度，进而更好地配合学校开展危机管理工作。

## 二、根据评估结果调整和优化家校合作模式

家校合作模式在初中学校中扮演着至关重要的角色。它不仅有利于提高学生的学业成绩，还能促进学生的身心健康和全面发展。然而，在实际操作中，家校合作模式仍存在一些问题和挑战。

（一）家校合作模式评估的重要性

1.了解家校合作模式的现状

通过对家校合作模式的评估，学校可以了解当前家校合作模式的运作情况，发现存在的问题和不足，为进一步调整和优化提供依据。

2.改进危机管理策略

通过对家校合作模式的评估，学校可以发现危机管理中存在的问题，并采取相应的措施加以改进，提高危机应对能力和效率。

3.提高家校合作水平

通过对家校合作模式的评估，学校可以了解家长和学生对家校合作的需求和期望，进而调整和优化家校合作模式，提高家校合作的水平和效果。

（二）家校合作模式的评估方法

1.问卷调查法

学校可以通过发放问卷的方式，了解家长和学生对家校合作模式的评价和建议，从而发现存在的问题和不足。

2.观察法

学校可以组织专业人员对家校合作模式进行观察，发现存在的问题和不足，并提出改进意见。

3.访谈法

学校可以组织专业人员对家长和学生进行访谈，了解他们对家校合作的需求和期望，为进一步调整和优化提供依据。

（三）根据评估结果调整和优化家校合作模式

1.针对问题制定改进措施

通过对家校合作模式的评估，学校可以发现存在的问题和不足，针对这些问题制定相应的改进措施。例如，加强与家长的沟通和联系、完善家长参与机制、加强学生心理健康教育和心理辅导等。

2.调整和优化危机管理流程

根据评估结果，学校可以发现危机管理中存在的问题和不足，进而调整和优化危机管理流程。例如，完善应急预案、加强技术应用和科学应对等。

3.加强与相关部门的合作

学校可以加强与公安、消防、卫生等相关部门的合作，共同制定应急预案，建立紧密的合作关系，确保在危机事件发生时能够迅速响应并采取有效的应对措施。

4.加大宣传和教育力度

学校可以加大对家长和学生的宣传和教育力度，提高他们对家校合作重要性的认识和理解，增强他们的安全意识和自我保护能力。同时，学校还可以加强对教职工的培训和管理，提高他们的专业素养和应对能力。

# 第七章　家校合作模式在初中学校社会责任承担中的应用

## 第一节　家校合作模式下初中学校社会责任的特点与优势

### 一、家校合作模式下初中学校社会责任的特点

在当今社会，学校不再仅仅是传授知识的地方，更是一个肩负着社会责任的机构。特别是在初中阶段，学生正处于身心发展的关键时期，家校合作模式下的学校社会责任显得尤为重要。

（一）家校合作模式下的初中学校社会责任

1.教育责任

初中学校在家庭和社区之间扮演着重要的桥梁角色，其首要的社会责任就是提供优质的教育。学校应通过与家长的紧密合作，共同制订教育计划和目标，关注学生的个体差异和全面发展，确保每个学生都能获得适合自己的教育。

2.引导责任

初中学生正处于身心发展的关键时期,学校不仅需要关注他们的知识学习，还要注重培养他们的道德品质、生活技能和社会责任感。通过与家长的协同教育，引导学生树立正确的人生观和价值观，培养他们成为有社会责任感、积极向上的公民。

3.沟通责任

家校合作模式下，学校需要与家长保持良好的沟通与合作。学校应定期举

行家长会、座谈会等活动，及时了解家长对学校教育的需求和建议，同时向家长反馈学生的学习和生活情况。此外，学校还应积极与社区、政府等相关部门建立沟通机制，共同为学生的成长创造良好的环境。

4.监督责任

初中学校作为学生成长的重要场所，需要对自身的教育质量和安全保障进行严格的监督。学校应建立健全的监督机制，对教职工的教育教学行为进行规范和约束，确保学生能够在安全、和谐的教育环境中茁壮成长。同时，学校还应积极接受家长、社会和政府的监督，以便及时发现问题并加以改进。

（二）家校合作模式下初中学校社会责任的特点

1.双向互动性

家校合作模式下，学校与家长不再是单向的教育关系，而是相互支持、双向互动的合作关系。学校需要家长的参与和支持，家长也需要学校的指导和协助。这种双向互动的关系有助于形成教育合力，共同促进学生的健康成长。

2.个性化关注

每个学生都是独特的个体，具有不同的兴趣、能力和需求。家校合作模式下，学校有责任关注每个学生的个性化需求，通过与家长的紧密合作，为学生提供个性化的教育方案和成长路径。

3.综合性发展

家校合作模式不仅关注学生的知识学习，还注重学生的综合性发展。学校应与家长共同制订综合性的教育计划，包括培养学生的道德品质、社会技能、身心健康等多方面能力，以帮助他们全面发展。

4.社会参与性

家校合作模式下，学校有责任引导学生积极参与社会活动，培养学生的社会责任感和实践能力。通过与家长的合作，组织学生参与社会实践、志愿服务等活动，提高学生的社会参与意识和能力。

家校合作模式下初中学校社会责任的特点表现在教育、沟通、监督等方面的责任和义务上。为了更好地履行社会责任，建议初中学校采取以下措施：加强与家长的沟通与合作，建立紧密的合作关系；注重学生的个性化需求和综合性发展；引导学生积极参与社会活动；接受家长、社会和政府的监督并不断完善自身的管理和服务水平。

## 二、家校合作模式下初中学校社会责任的优势

在当今社会，学校与家庭之间的合作关系越来越受到重视。家校合作模式被认为是一种能够促进学校和家庭之间相互理解、支持和协作的教育方式。在这种模式下，初中学校作为学生成长的重要场所，肩负着更为重要的社会责任。

（一）家校合作模式对初中学校社会责任的促进

1.提高教育质量

家校合作模式下，学校与家长能够更好地了解学生的特点和需求，共同制订教育计划和目标。这种合作方式有助于提高教育的针对性和有效性，进而提高教育质量。家长和学校的紧密合作能够促进教育的协调和配合，使得学生在学校和家庭中都能得到更好的教育和支持。

2.增强学生综合素质

家校合作模式不仅关注学生的知识学习，还注重培养学生的综合素质。在家长的参与和支持下，学校能够更加关注学生的个体差异和全面发展，培养学生的创新精神和实践能力。通过与家长的协作，学校可以更好地引导学生树立正确的人生观和价值观，培养他们成为有社会责任感、积极向上的公民。

3.优化资源配置

家校合作模式下，学校能够更好地整合和利用教育资源。通过与家长的协作，学校可以更加了解家长对教育的需求和建议，进而优化资源配置，提高教育资源的利用效率。同时，家长也可以通过与学校的合作，更好地了解学校的教育教学情况，为学生的成长提供更好的支持和帮助。

4.加强家校沟通与理解

家校合作模式下，学校与家长之间的沟通和理解更加重要。这种合作方式有助于增进家长对学校教育教学的了解，同时也有助于学校了解家长对教育的期望和需求。通过加强家校沟通与理解，可以减少误解和冲突，共同为学生的成长创造良好的环境。

（二）家校合作模式下初中学校社会责任的优势

1.强化教育效果

家校合作模式下，初中学校能够更好地发挥其教育功能，强化教育效果。在家长的参与和支持下，学校能够更加全面地了解学生的特点和需求，制订更加个性化的教育计划和目标。同时，家长也可以通过与学校的合作，更好地了解学生的成长情况和需求，为学生的成长提供更好的支持和帮助。这种合作方式有助于形成教育合力，共同促进学生的健康成长。

2.增强社会责任感

家校合作模式下，初中学校需要更加注重培养学生的社会责任感和实践能力。通过与家长的协作，学校可以引导学生积极参与社会活动，培养他们的社会责任感和实践能力。同时，家长也可以通过与学校的合作，更好地了解学校的教育教学情况和社会责任表现，为学生的成长提供更好的支持和帮助。这种合作方式有助于增强学校的透明度和公信力，提高社会对学校的认可度和满意度。

3.提高教育满意度

家校合作模式下，初中学校能够更好地了解家长对教育的需求和建议，进而改进教育教学工作，提高教育满意度。同时，家长也可以通过与学校的合作，更好地了解学校的办学理念和教育特色，为学生的成长提供更好的支持和帮助。这种合作方式有助于促进学校与家庭之间的互动和协作，形成教育合力和共赢局面。

家校合作模式下初中学校社会责任的优势表现在提高教育质量、增强学生综合素质、优化资源配置、加强家校沟通与理解等方面。为了更好地发挥家校合作模式的优势，建议初中学校采取以下措施：加强与家长的沟通与协作；注重学生的个体差异和全面发展；优化资源配置；加强透明度和公信力建设；建立完善的教育教学质量保障体系；接受家长、社会和政府的监督并不断完善自身的管理和服务水平等。

## 三、家校合作模式对学校社会责任承担的重要作用

在当今社会，学校不再仅仅是传授知识的地方，更是一个培养学生全面发展的场所。学校在履行教育职责的同时，还需要与家庭、社会紧密合作，共同促进学生的成长。家校合作模式在这种背景下应运而生，成了现代学校教育体系中的重要组成部分。

（一）增强学校的社会责任感

家校合作模式确实为学校提供了深入了解家庭和社会对教育需求和期望的机会。在这种模式下，学校不再仅仅是教育的主导者，而是开始倾听家长和社会的声音，了解他们对于教育的期望和需求。这种深入的了解促使学校更加关注学生的全面成长，以及他们所应承担的社会责任。

通过与家长的协作，学校能够更加关注学生的个体差异和特长。每个孩子都是独一无二的，他们有着不同的兴趣、能力和学习需求。家校合作模式让学校有机会了解每个孩子的独特性，从而制订更为精准的教育计划和目标。这些计划和目标不仅关注学生的知识获取，还关注他们的能力培养和人格塑造。

家校合作模式还强调培养学生的社会责任感和实践能力。在家校合作的过程中，学校和家长共同引导学生理解和承担他们的社会责任，培养他们的公民意识。这种合作模式不仅关注学生的学术表现，还关注他们的社会能力和实践精神。通过参与社会实践和公益活动，学生能更好地理解社会，成为有担当、有作为的公民。

家校合作模式还有助于增强学校的社会责任感。在这种模式下，学校不再是一个孤立的教育机构，而是与社会、家庭紧密联系的教育共同体。学校需要承担起教育的主导责任，同时也需要积极回应家庭和社会的需求和期望。通过与家长和社会的合作，学校能够更好地履行其教育职责，为社会培养出更多有责任感、有能力的公民。

总的来说，家校合作模式通过加强学校与家庭、社会的联系与合作，优化了教育环境，提高了教育质量。这种模式让学校更加深入地了解家庭和社会对教育的需求和期望，从而促使学校更加关注学生的全面成长和社会责任。同时，通过与家长的协作，学校能够更加精准地制订教育计划和目标，关注学生的个

体差异和特长。这些努力有助于培养学生的社会责任感和实践能力，让他们成为有担当、有作为的公民。这种合作模式还增强了学校的社会责任感，推动学校更好地履行教育职责。

（二）提高教育质量

家校合作模式下，学校与家长之间的沟通更加畅通，是彼此能够更好地了解学生的特点和需求。家长可以向学校提供学生的兴趣爱好、特长和学习能力等方面的信息，学校则可以根据这些信息制订更加符合学生特点的教育计划和目标。这种合作方式有助于提高教育的针对性和有效性，使得教育更加符合学生的需求，提高教育质量。

家长和学校的紧密合作能够促进教育的协调和配合。学校和家长在教育过程中可以互相支持和协作，使得学生在学校和家庭中都能得到更好的教育和支持。学校可以向家长提供教育指导和建议，家长也可以积极参与学校的教育活动，共同推动学生的成长和发展。

家校合作模式还能促进学校与社区之间的互动和协作。学校可以借助社区资源开展各种教育活动，丰富学生的教育体验，提高学生的社会适应能力。这种互动和协作关系有助于增强学校的社区责任感，推动学校更好地履行教育职责。

总的来说，家校合作模式对提高教育质量具有积极作用。通过加强学校与家长之间的沟通与合作，可以更好地了解学生的特点和需求，共同制订更加精准的教育计划和目标。这种合作方式有助于提高教育的针对性和有效性，促进学生的全面成长和发展。同时，家校合作模式还能促进学校与社区之间的互动和协作，让学校更好地融入社会，为社区的发展作出贡献。

（三）提升学生综合素质

家校合作模式不仅关注学生的知识学习，更注重培养学生的综合素质。在家长的参与和支持下，学校能够更加关注学生的个体差异和全面发展，通过灵活多样的教育方式，激发学生的创新思维和实践能力。

在家校合作模式下，学校会更加关注学生的个性化需求和学习特点，根据学生的兴趣、特长和需求来制订教育计划和目标。这种针对性强的教育方式有助于激发学生的学习兴趣和动力，培养他们的自主学习和独立思考能力。

同时，家校合作模式还强调培养学生的综合素质，包括品德、情感、技能等方面。学校会通过各种教育活动和实践机会，引导学生树立正确的人生观和价值观，培养他们成为有社会责任感、积极向上的公民。这种教育方式有助于培养学生的综合素质，为他们未来的发展打下坚实的基础。

此外，家校合作模式还能促进学校与家长之间的沟通和协作。家长可以向学校提供学生的家庭教育情况和生活背景等信息，学校则可以根据这些信息调整教育方式和策略，以更好地满足学生的需求。这种互动和协作关系有助于增强学校与家长之间的信任和支持，共同推动学生的成长和发展。

（四）优化资源配置

家校合作模式下，学校能够更好地整合和利用教育资源。在传统的教育方式中，学校往往是教育资源的主要提供者和利用者，而家长则较少参与其中。然而，家校合作模式改变了这一局面，让家长成为教育资源的整合者和利用者之一。

通过与家长的协作，学校可以更加了解家长对教育的需求和建议。家长是孩子成长过程中的重要陪伴者和教育者，他们对于孩子的成长需求和教育方式有着独特的见解和经验。通过与家长的沟通和合作，学校可以更加全面地了解学生的需求和教育中的问题，进而优化资源配置，提高教育资源的利用效率。

同时，家长也可以通过与学校的合作，更好地了解学校的教育教学情况。家长对于学校的教育教学往往缺乏深入的了解，而通过家校合作，家长可以更加深入地了解学校的教育教学计划、课程设置、教学方式等方面的情况，进而为学生的成长提供更好的支持和帮助。

此外，家校合作还可以促进学校与社区之间的合作。学校可以借助社区资源，为学生的教育提供更加丰富和多样化的支持。同时，社区也可以通过与学校的合作，更好地了解和关注学校的教育教学情况，为学校提供更多的支持和帮助。

（五）加强家校沟通与理解

家校合作模式不仅使学校与家长之间的沟通和理解变得更加重要，同时也需要双方在合作中不断增进相互的信任和尊重。通过加强家校沟通与理解，可以减少误解和冲突，共同为学生的成长创造良好的环境。

在传统的教育方式中，学校往往只关注教学计划的执行和学生的成绩，而较少关注家长对教育的需求和期望。同时，家长也往往只关注孩子在学校的表现和学习情况，而较少了解学校的教育教学情况和教育资源的配置。这种信息不对称和不充分的沟通会导致误解和不满，甚至引发冲突。

然而，家校合作模式改变了这一局面。通过与家长的沟通和合作，学校可以更加全面地了解家长对教育的需求和期望，进而根据实际情况调整教育教学计划和资源配置。同时，家长也可以通过与学校的合作，更加了解学校的教育教学情况，为学生的成长提供更好的支持和帮助。

家校合作模式还可以促进学校与社区之间的互动和协作。社区是学校的重要合作伙伴，可以为学校提供丰富的资源和支持。通过加强学校与社区之间的合作，可以更好地利用社区资源，为学生的教育提供更加丰富和多样化的支持。同时，学校也可以通过与社区的合作，更好地了解和关注社区的需求和期望，为社区提供更多的支持和帮助。

此外，家校合作模式还可以加强学校与社会的联系和沟通。学校是社会的重要组成部分，其教育教学情况直接关系到社会的未来和发展。通过加强家校合作，可以让社会更加了解学校的教育教学情况，进而为学校提供更多的支持和帮助。同时，学校也可以通过与社会的合作，更好地了解社会的需求和期望，为社会发展提供更好的支持和帮助。

# 第二节　家校合作模式下初中学校社会责任的实施方式

## 一、建立家校合作履行社会责任的机制

（一）家校合作模式下初中学校社会责任的内涵

初中学校的社会责任是指在教育过程中，学校不仅要关注学生的知识学习，

还要关注学生的身心健康、道德品质、社会适应等方面的发展，以及在家庭和社会中的角色和责任。在家校合作模式下，初中学校的社会责任包括以下几个方面。

1.提供优质教育资源和服务

初中学校应提供优质的教育资源和服务，包括课程设置、师资力量、教学设备、活动场所等，以满足学生和家长的教育需求。

2.加强家校沟通与协作

初中学校应加强与家长的沟通和协作，及时了解学生在家庭和社会中的表现和问题，为家长提供指导和支持，共同促进学生的成长和发展。

3.关注学生个体差异和全面发展

初中学校应关注学生的个体差异和全面发展，尊重学生的个性特点，培养学生的兴趣爱好和特长，提高学生的综合素质和社会适应能力。

4.增强透明度和公信力建设

初中学校应增强透明度和公信力建设，公开教育教学信息和服务标准，接受社会监督和评价，提高学校的公信力和社会认可度。

（二）家校合作模式下初中学校实施社会责任的机制

为了在家校合作模式下更好地实施初中学校的社会责任，需要建立以下机制。

1.家校合作委员会机制

初中学校应成立家校合作委员会，由学校领导、教师代表、家长代表和学生代表组成。该委员会负责制订家校合作计划和政策，协调家庭和学校之间的合作事务，促进家校之间的沟通和协作。同时，委员会还可以定期组织家长座谈会、学生座谈会等活动，加强与家长的交流与互动。

2.家长志愿者机制

初中学校可以建立家长志愿者机制，邀请家长参与学校的各项活动和服务。例如，邀请家长担任班级志愿者，协助教师组织学生活动；邀请家长参与学校的文艺比赛、体育比赛等活动的组织和评比；邀请家长担任学校的义工等。通过家长的参与和支持，可以增强家校之间的联系和互动，提高学校的服务质量和社会责任承担能力。

3.社会资源整合机制

初中学校可以与社会企事业单位、公益组织等建立合作关系，整合社会资源，为学生提供更多的实践机会和教育服务。例如，学校可以邀请企业人士来校为学生开展职业规划指导；可以与公益组织合作开展社会实践活动；可以借助社区资源建立校外实践基地等。这些措施可以丰富学生的实践经验，培养学生的社会责任感和实践能力。

4.家校互动平台机制

初中学校可以建立家校互动平台，为家庭和学校提供便捷的沟通和互动渠道。例如，建立家长微信群、QQ群等互动平台，方便家长与教师之间的沟通和互动；建立学校网站、微信公众号等平台，及时发布学校的新闻动态、教育教学信息等，增强学校的透明度和公信力。通过家校互动平台机制的建立，可以加强家庭和学校之间的联系与互动，提高学校的服务质量和社会责任承担能力。

家校合作模式下初中学校实施社会责任的机制是实现家校合作履行社会责任的重要保障。通过建立家校合作委员会机制、家长志愿者机制、社会资源整合机制和家校互动平台机制可以促进家校之间的沟通和协作，加强学生的个体差异和全面发展，提高教育质量且提升学校的透明度和公信力，最终实现学校的可持续发展，并为社会发展作出贡献。

## 二、加强学校和家长之间的沟通与协调

在当今社会，家校合作已经成了一种普遍的教育模式。初中阶段是学生成长的关键时期，学校和家庭对学生的成长都负有重要的责任。因此，加强学校和家长之间的沟通与协调，对于学生的全面发展和初中学校的社会责任履行具有重要意义。

（一）家校合作模式下初中学校与家长沟通与协调的重要性

1.有利于促进学生的健康成长

初中阶段是学生生理和心理发展的关键时期，需要家庭和学校的共同关注和引导。加强学校和家长之间的沟通与协调，可以让家庭和学校更加了解学生的情况，针对学生的特点进行个性化的教育和引导，有利于促进学生的健康成长。

2.有利于提高学校的教育质量和办学水平

通过同家长的沟通与协调，学校可以更加了解家长对教育的需求和意见，及时发现和解决问题，提高教育质量和办学水平。同时，家长也可以更加了解学校的教育理念和教育方式，更好地配合学校的教育工作，提高教育效果。

3.有利于增强家庭和学校之间的信任与合作

加强学校和家长之间的沟通与协调，可以增强家庭和学校之间的信任与合作，有利于形成教育合力，共同促进学生的发展。同时，也有利于促进社区和家庭对学校教育的参与和支持，提高教育的社会效益。

（二）家校合作模式下初中学校与家长沟通与协调的机制

1.建立定期沟通机制

初中学校可以建立定期沟通机制，如定期召开家长会、家长代表座谈会等，及时了解家长对学校工作的意见和建议，向家长反馈学校的工作情况和学生表现，加强学校和家长之间的沟通与互动。

2.灵活运用多种沟通方式

除了定期沟通机制外，初中学校还可以灵活运用多种沟通方式，如电话、短信、电子邮件、社交媒体等，方便快捷地与家长进行沟通和交流。同时，也可以通过这些方式向家长提供教育资讯和教育指导，提高家长的教育意识和教育能力。

3.建立家长参与机制

初中学校可以建立家长参与机制，如邀请家长参与学校的决策和管理、担任学校的义工等，增强家长的参与感和归属感。同时，也可以通过这种方式让家长更加了解学校的教育理念和教育方式，提高家长对学校工作的认同和支持。

4.建立问题反馈和处理机制

初中学校可以建立问题反馈和处理机制，及时发现和解决学生在家庭和学校中遇到的问题。如设立家长投诉渠道、建立问题处理小组等，及时回应和处理家长的投诉和建议，加强学校和家长之间的信任与理解。

## 三、共同参与社会公益活动的组织和实施

在当今社会，家校合作已经成了一种普遍的教育模式。初中阶段是学生成长的关键时期，学校和家庭对学生的成长都负有重要的责任。因此，加强学校与家长之间的沟通与协调，对于学生的全面发展和初中学校的社会责任履行具有重要意义。

（一）家校合作模式下初中学校与家长沟通与协调的重要性

1.有利于促进学生的健康成长

初中阶段是学生生理和心理发展的关键时期，需要家庭和学校的共同关注和引导。加强学校和家长之间的沟通与协调，可以让家庭和学校更加了解学生的情况，针对学生的特点进行个性化的教育和引导，有利于促进学生的健康成长。

2.有利于提高学校的教育质量和办学水平

通过与家长的沟通和协调，学校可以更加了解家长对教育的需求和意见，及时发现和解决问题，提高教育质量和办学水平。同时，家长也可以更加了解学校的教育理念和教育方式，更好地配合学校的教育工作，提高教育效果。

3.有利于增强家庭和学校之间的信任和合作

加强学校和家长之间的沟通与协调，可以增强家庭和学校之间的信任与合作，有利于形成教育合力，共同促进学生的发展。同时，也有利于促进社区和家庭对学校教育的参与与支持，提高教育的社会效益。

（二）家校合作模式下初中学校与家长沟通与协调的机制

1.建立定期沟通机制

初中学校可以建立定期沟通机制，如定期召开家长会、家长代表座谈会等，及时了解家长对学校工作的意见和建议，向家长反馈学校的工作情况和学生表现，加强学校和家长之间的沟通与互动。

2.灵活运用多种沟通方式

除了定期沟通机制外，初中学校还可以灵活运用多种沟通方式，如电话、短信、电子邮件、社交媒体等，方便快捷地与家长进行沟通和交流。同时，也可以通过这些方式向家长提供教育资讯和教育指导，提高家长的教育意识和教育能力。

3.建立家长参与机制

初中学校可以建立家长参与机制，如邀请家长参与学校的决策和管理、担任学校的义工等，增强家长的参与感和归属感。同时，也可以通过这种方式让家长更加了解学校的教育理念和教育方式，提高家长对学校工作的认同和支持。

4.建立问题反馈和处理机制

初中学校可以建立问题反馈和处理机制，及时发现和解决学生在家庭和学校中遇到的问题。如设立家长投诉渠道、建立问题处理小组等，及时回应和处理家长的投诉与建议，加强学校和家长之间的信任与理解。

## 四、加强对学生社会责任感和公民意识的培养与引导

在当今社会，学生的社会责任感和公民意识的培养已成为教育的重要目标之一。初中阶段是学生人生观、价值观形成的关键时期，学校和家庭应当共同承担起培养学生的社会责任和公民意识的重任。

（一）家校合作模式下初中学校培养学生社会责任感和公民意识的必要性

1.适应社会发展需求

随着社会的不断发展，对人才的要求也越来越高。一个优秀的公民应该具备高度的社会责任感和公民意识，这不仅包括对自己负责的态度，也包括对他人、对社会、对国家的责任和义务。因此，初中学校应该加强对学生社会责任感和公民意识的培养，以适应社会发展的需求。

2.促进学生健康成长

学生社会责任感和公民意识的培养是促进学生健康成长的重要方面。通过培养学生的社会责任感和公民意识，可以帮助学生树立正确的人生观、价值观，增强学生的道德观念和社会责任感，促进学生全面发展和健康成长。

3.提升学校教育质量

学校通过家校合作模式，可以更加全面地了解学生的家庭背景、个性特点和生活习惯等，从而针对学生的不同特点进行个性化的教育和引导。同时，通过培养学生的社会责任感和公民意识，可以提高学生的综合素质和能力水平，提升学校的教育质量和办学水平。

（二）家校合作模式下初中学校培养学生社会责任感和公民意识的实施途径

1.课堂教学渗透

初中学校可以通过课堂教学渗透的方式，将社会责任感和公民意识的培养贯穿到各个学科的教学中。例如，历史学科可以引导学生了解历史事件中的人物形象、思想内涵和社会背景等，培养学生的历史使命感和公民意识；语文学科可以选取具有代表性的文学作品，引导学生深入理解其中蕴含的社会责任感和公民意识。

2.校内活动组织

初中学校可以组织丰富多彩的校内活动，如文艺比赛、运动会、志愿服务等，让学生在参与中体验到团队合作、公正公平、奉献精神等价值观念，进而培养他们的社会责任感和公民意识。此外，学校还可以邀请社会知名人士、专家学者来校举办讲座，让学生了解社会热点问题和发展趋势，拓宽学生的视野和思路。

3.家庭教育协同

家庭教育对学生的成长具有重要影响。初中学校可以通过家长会、家长代表座谈会等方式，与家长交流学生的表现和成长情况，引导家长关注孩子的全面发展，注重培养孩子的社会责任感和公民意识。同时，家长也可以通过家庭教育，引导孩子关注社会问题、了解社会动态，培养孩子的社会责任感和公民意识。

4.社会实践参与

初中学校可以组织学生参与各种形式的社会实践活动，如环保义务劳动、社区志愿服务、文化交流活动等，让学生亲身感受到社会的复杂性和多样性，培养学生的社会责任感和公民意识。同时，学校还可以与社会组织、企业单位建立合作关系，为学生提供实习和实践机会，让学生在实践中学习如何承担社会责任和履行公民义务。

# 五、对履行社会责任的活动进行总结和反思，加强实践经验的应用

初中学校作为学生成长的重要场所，不仅需要关注学生的学术成绩，更需

要注重培养学生的社会责任感和公民意识。通过家校合作模式，学校可以更好地了解学生的家庭背景和成长环境，从而提供更加个性化的教育。

（一）家校合作模式下初中学校对履行社会责任的活动的总结

1.确定总结的重点

初中学校在实施家校合作模式时，需要对履行社会责任的活动进行总结。首先，要明确总结的重点，包括活动的目标、实施过程、参与人员以及活动效果等方面。同时，还需要对每个环节进行细致的梳理和分析，找出亮点和不足之处。

2.收集反馈意见

在活动结束后，初中学校需要通过多种渠道收集学生、家长、教师以及社会人士的反馈意见，了解他们对活动的看法和建议。同时，还需要对反馈意见进行分类整理和分析，找出普遍存在的问题和有价值的建议。

3.制定改进方案

根据反馈意见和总结分析，初中学校需要制定具体的改进方案。改进方案应该包括具体的措施、责任人、时间表以及预期效果等内容。同时，还需要对改进方案进行全面评估和讨论，确保其可行性和有效性。

（二）家校合作模式下初中学校对履行社会责任活动的反思

1.活动目标的反思

初中学校需要对履行社会责任活动的目标进行反思。首先，要明确活动目标的合理性和可操作性。其次，需要对活动目标的实现情况进行评估，包括是否达到预期效果、是否有新的问题出现等方面。

2.活动过程的反思

初中学校需要对履行社会责任活动的实施过程进行反思。首先，要分析活动策划和组织是否周密和科学。其次，需要对活动实施过程中的细节问题进行深入探讨，找出存在的问题和不足之处。同时，还需要对活动中出现的问题进行反思和总结，提出改进措施和建议。

3.活动效果的反思

初中学校需要对履行社会责任活动的实际效果进行反思。首先，需要分析活动是否达到了预期的效果和目标。其次，需要对活动效果的影响因素进行分析，包括参与人员、时间地点、宣传效果等方面。同时，还需要对活动效果的可持续性进行评估和反思，提出进一步改进的建议和措施。

（三）加强实践经验的应用

1.建立案例库

初中学校可以建立履行社会责任活动的案例库，将成功的经验和失败的教训都纳入其中。通过对案例的梳理和分析，可以更好地总结实践经验教训，为今后的活动提供参考和借鉴。

2.组织经验分享会

初中学校可以定期组织经验分享会，邀请有经验的教师、家长和社会人士等分享他们的实践经验和成功案例。通过经验分享会，可以促进学校之间的交流和学习，提升家校合作模式下初中学校履行社会责任的能力和水平。

3.强化培训和实践指导

初中学校应该加强对教师和家长的培训和实践指导，提高他们的专业素养和实践能力。通过培训和实践指导，可以让教师和家长更好地理解和掌握家校合作模式下初中学校履行社会责任的理念和方法，从而更好地应用到日常教育中。

4.完善评价机制

初中学校应该完善对履行社会责任活动的评价机制，制定科学合理的评价标准和方法。通过评价机制的完善和应用，可以更好地衡量家校合作模式下初中学校履行社会责任活动的效果和质量，为今后的活动实践提供参考和借鉴。

# 第三节　家校合作模式下初中学校社会责任的效果评估

## 一、评估体系的建立和完善

家校合作模式是一种强调家庭和学校共同参与学生教育过程的机制。在这种模式下，初中学校作为学生成长的重要场所，需要与家长密切合作，共同承担起教育孩子的社会责任。为了更好地评估家校合作模式下初中学校履行社会责任的效果，建立和完善评估体系至关重要。

（一）评估体系的建立

1.确定评估目标

在建立评估体系之前，需要明确评估的目标。评估目标应该围绕家校合作模式下初中学校履行社会责任的效果展开，包括活动的参与度、影响力、满意度以及长期效果等方面。

2.制定评估标准

根据评估目标，制定具体的评估标准。评估标准应该包括活动的策划与组织、活动实施的质量与效果、参与人员的反馈与满意度以及活动对学校形象和社会责任的影响等方面。

3.确定评估方法

评估方法应该多样化，包括问卷调查、访谈、观察、案例分析等。根据实际情况选择适合的方法，并对每种方法进行详细的说明和操作。

4.建立评估流程

制定评估流程，明确评估的时间节点和具体步骤。评估流程应该包括制订评估计划、开展评估工作、整理和分析数据、撰写评估报告以及反馈与改进等环节。

（二）评估体系的完善

1.持续改进评估标准

随着家校合作模式的不断发展和初中学校社会责任的演变，评估标准也需要持续改进和完善。要定期对评估标准进行审查和修订，以适应时代发展和实际需求的变化。

2.强化数据分析和应用

通过对收集到的数据进行深入分析，可以更好地了解家校合作模式下初中学校履行社会责任的效果。要提高数据分析和应用的能力，为评估体系的完善提供科学依据。

3.注重多方参与和沟通

在完善评估体系的过程中，要注重多方参与和沟通。邀请家长、教师、社会人士等共同参与评估工作，充分听取各方的意见和建议。通过加强沟通，可以增加各方对评估工作的理解和支持，提高评估的准确性和有效性。

4.建立跟踪和反馈机制

在完成评估后，要将评估结果及时向相关人员和利益相关者进行反馈，并建立跟踪机制。通过跟踪机制，可以了解家校合作模式下初中学校在履行社会责任方面的改进措施和实际效果，为今后的评估工作提供参考和借鉴。

5.培养专业评估团队

建立专业的评估团队是完善评估体系的关键环节。要培养一批具备专业知识和技能的评估人员，他们能够熟练掌握各种评估方法和工具，为家校合作模式下初中学校履行社会责任的效果评估提供专业保障。

6.结合外部评价和自我评价

在完善评估体系的过程中，要结合外部评价和自我评价。外部评价包括家长、教师、社会人士等对学校履行社会责任的评价；自我评价是指学校内部自行开展的评估工作。通过结合内外评价，可以更加全面地了解家校合作模式下初中学校履行社会责任的效果，为改进工作提供有益的参考。

7.关注学生的全面发展和长远利益

在完善评估体系的过程中，要关注学生的全面发展和长远利益。不仅要关注学生在学术方面的表现，还要关注他们在德育、体育、艺术等方面的全面发展。同时，要关注学生在未来社会中的竞争力、创新能力和公民素养等方面的培养，为他们的长远发展奠定基础。

## 二、评估标准的制定和实施

在当今社会，家校合作模式已被广泛认为是促进初中生全面发展的重要途径。这种模式强调学校与家庭之间的紧密合作，共同承担教育孩子的责任。为了准确评估家校合作模式下初中学校社会责任的效果，有必要制定一套科学、合理的评估标准。

（一）评估标准的制定

1.确定评估标准的原则

在制定评估标准时，应遵循全面性、可操作性、发展性和科学性的原则。全面性是指评估标准应涵盖家校合作模式的各个方面；可操作性是指评估标准应明确具体、易于操作；发展性是指评估标准应关注学校的持续发展；科学性是指评估标准应基于实证研究和理论依据。

2.细化评估标准的维度

评估标准可以从活动参与、活动效果、满意度和长期效果四个维度进行细化。活动参与维度包括家长参与度、学校与家长沟通频率、家校合作活动的数量与质量等；活动效果维度关注学生在家校合作模式下的学业成绩、德育发展、心理状况等；满意度维度涉及家长对学校履行社会责任的满意度、教师对家校合作工作的满意度等；长期效果维度则关注家校合作对学生未来发展的影响，如升学情况、就业情况等。

3.制定具体的评估标准

根据上述原则和维度，可以制定具体的评估标准。例如，评估标准可以包括：家长参与学校活动的频率是否达到每月至少一次，学校与家长的沟通频率是否能够保持及时、有效，家校合作活动是否能够涵盖德、智、体、美等多方面的发展需求，家长对学校履行社会责任的满意度是否达到90%以上，教师对家校合作工作的满意度是否达到80%以上等。

（二）评估标准的实施

1.明确评估流程

在实施评估标准时，应明确评估流程。首先，要制订详细的评估计划，明确评估的时间、人员和目的。其次，要收集和分析数据，包括对家长、教师和学生进行问卷调查、访谈，以及观察和记录相关数据。最后，要根据数据进行分析和总结，撰写评估报告，并提出改进建议。

2.加强人员培训

实施评估标准需要相关人员进行专业的培训。培训内容包括评估的目的、方法、技巧和数据分析等，以确保评估工作的准确性和有效性。同时，也要加强与家长的沟通技巧和能力的培养，以便更好地与家长进行沟通和合作。

3.定期进行评估与反馈

在实施评估标准后，应定期进行评估与反馈。根据评估结果及时调整和改进家校合作工作，以满足学生和家长的需求。同时，也要将评估结果及时反馈给相关人员和利益相关者，以便他们了解家校合作模式的实施情况和效果，为进一步改进工作提供有益的参考。

4.建立奖惩机制

为了激励初中学校更好地履行社会责任，可以建立奖惩机制。对于在评估中表现优秀的学校和个人，可以给予一定的奖励和表彰；对于在评估中表现不佳的学校和个人，可以给予一定的批评和指导，并要求其改进工作。通过奖惩机制，可以促进初中学校不断提高家校合作工作的质量和效果。

制定和实施家校合作模式下初中学校社会责任的效果评估标准是极为重要的。通过科学、合理的评估，可以了解家校合作模式的实施情况和效果，为进一步改进工作提供有益的参考。同时，也可以激励初中学校更好地履行社会责任，为学生的全面发展和长远利益提供更好的保障。

## 三、对家校合作模式下初中学校社会责任的反思和总结

在教育领域，家校合作模式已被广泛认为是一种能够促进初中生全面发展的重要途径。这种模式强调学校与家庭之间的紧密合作，共同承担教育孩子的责任。然而，在实际操作中，家校合作模式仍存在一些问题和挑战。

（一）家校合作模式的意义与挑战

1.家校合作模式的意义

家校合作模式对于初中生的教育和发展具有重要的意义。首先，通过加强家校合作，可以更好地了解学生的家庭背景和特点，为个性化教育提供更多信息。其次，家校合作可以促进家长和教师之间的沟通和信任，有利于解决学生在成长过程中遇到的问题。最后，家校合作可以为学生提供更全面的教育环境，促进他们的全面发展。

2.家校合作模式的挑战

在实际操作中，家校合作模式也面临一些挑战。首先，由于家长和教师的时间和精力有限，家校合作活动的组织和实施可能会面临困难。其次，家长和教师之间的沟通可能会存在障碍，导致信息不对称和误解。此外，由于不同家庭的文化和教育观念不同，家校合作可能会受到一些质疑。

（二）初中学校社会责任的体现与评估

1.初中学校社会责任的体现

在家校合作模式下，初中学校的社会责任主要体现在四个方面。

（1）提供教育教学服务：初中学校应提供高质量的教育教学服务，关注学生的全面发展，满足家长和社会的需求。

（2）加强与家长的沟通与合作：初中学校应积极与家长沟通，了解家长的意见和建议，共同参与学生的教育过程。

（3）培养学生的学习能力和素质：初中学校应注重培养学生的自主学习能力和综合素质，为学生未来的发展奠定基础。

（4）关注学生的心理健康和成长：初中学校应关注学生的心理健康和成长需求，提供必要的心理辅导和支持。

2.初中学校社会责任的评估

为了了解初中学校履行社会责任的情况，可以采取以下评估方法。

（1）问卷调查：通过问卷调查了解家长、教师和学生对于学校履行社会责任的满意度和评价。

（2）实地观察：通过实地观察了解学校的办学条件、教育教学设施以及学生的发展和成长情况。

（3）数据分析：通过对相关数据的分析，了解学校的教育教学质量、学生综合素质以及家长的参与度和满意度等情况。

通过对家校合作模式下初中学校社会责任的反思和总结，我们可以得出以下结论：家校合作模式对于初中生的教育和发展具有重要意义，但实际操作中仍存在一些问题和挑战；初中学校应积极履行社会责任，加强与家长的沟通与合作，关注学生的全面发展；为了更好地履行社会责任，初中学校需要制定科学、合理的评估标准并定期进行评估与反馈。

## 四、根据评估结果调整和优化家校合作模式

（一）家校合作模式的挑战

首先，随着社会的发展和教育的改革，家长和教师对家校合作的要求越来越高。其次，由于初中生处于身心发展的关键时期，他们需要更全面、个性化的教育支持。最后，学校需要与家庭建立更为密切的合作关系，共同应对教育中的问题和挑战。

（二）评估结果与问题分析

为了了解家校合作模式的现状和问题，我们进行了一次全面的评估。通过问卷调查、实地观察和数据分析，我们发现了以下一些问题。

1.家校合作活动的组织和实施不够顺畅，缺乏有效的协调机制。

2.家长和教师之间的沟通不够充分，存在信息不对称的情况。

3.家校合作方案缺乏个性化的设计和实施，不能满足不同家庭的需求和期望。

4.学校对家长参与的重视程度不够高，缺乏有效的支持和引导。

（三）调整与优化家校合作模式的策略

针对以上问题，我们提出以下的策略来调整和优化家校合作模式。

1.建立有效的协调机制

为了解决家校合作活动的组织和实施不够顺畅的问题，学校可以建立有效的协调机制。具体而言，可以成立家校合作委员会或家长委员会等组织机构，负责协调和组织家校合作活动。同时，学校还制订了家校合作计划和方案，明确了活动的时间、内容和形式等，以确保活动的顺利实施。

2.加强家长和教师之间的沟通

为了解决家长和教师之间的沟通问题，学校可以采取以下措施：一是建立家长和教师之间的定期沟通机制，如定期召开家长会或教师座谈会等；二是提供多元化的沟通渠道，如电话、短信、电子邮件等；三是加强对沟通内容的策划和准备，确保信息的准确传递和理解。

3.个性化设计与实施家校合作方案

为了满足不同家庭的需求和期望，学校可以制定个性化的家校合作方案。具体而言，可以根据学生的特点、家庭背景和文化等因素，设计符合学生和家庭需求的家校合作活动和方案。例如，针对学习困难的学生，可以组织教师和家长共同制订学习计划和方案；针对特长生，可以组织家长和学生共同参加特长培训和文化活动等。

4.加强对家长参与的支持和引导

为了提高学校对家长参与的重视程度和支持力度，可以采取以下措施：一是加强对家长参与的宣传和教育，提高家长对家校合作的认识和意识；二是提供必要的支持和资源，如提供场地、设施、人员等支持；三是加强对家长参与的引导和管理，确保家长参与的有序性和有效性。

通过对家校合作模式的评估和调整优化策略的实施，我们可以得出以下结论：评估结果对于调整和优化家校合作模式具有重要的指导意义；针对问题制定的个性化设计和实施方案可以提高家校合作的针对性和有效性；协调机制的建立、沟通的加强以及个性化方案的设计与实施等方面的改进可以进一步推动家校合作的深入发展。展望未来，我们建议初中学校应在这样几个方面进一步推进家校合作的优化与发展：加强理论研究和实践探索相结合；拓展多元化的家校合作方式和渠道；加强对家校合作效果的评估和反馈机制建设；提高教师和家长等参与人员的素质和能力水平等。同时，还需要注意到家校合作的发展是一个长期的过程，需要各方共同努力和支持才能取得更好的成效。

# 第八章　家校合作模式的实践案例与效果评估

## 第一节　实践案例一：家长参与学校决策，提升管理效率与质量

### 一、背景介绍

在某城市的一所初中学校，近年来面临着家长对学校教育质量和管理效率的质疑。为了改善这一状况，学校决定引入家长参与学校决策的机制，提升管理效率与质量。

### 二、问题分析

通过问卷调查和访谈，学校了解到了问题所在。

1.家长对学校教育质量的担忧主要集中在课程设置、教学方法和教师素质等方面。

2.学校管理效率不高，部分教师工作态度不够积极，导致学生问题难以得到及时解决。

3.家长与学校之间的沟通渠道不畅，家长对学校决策缺乏了解和参与。

### 三、策略制定

针对以上问题，学校制定了以下策略加以解决。

1.建立家长委员会，由家长代表参与学校决策，提高家长的参与度和满意度。

2.加强与家长的沟通，定期召开家长会，及时了解家长的意见和建议，改进学校工作。

3.建立有效的激励机制，鼓励教师积极投入工作，提高教育教学水平。

4.加强课程和教学方法的改革，满足学生的个性化需求，提高教学质量。

## 四、实施过程

1.成立家长委员会：学校通过民主选举产生家长委员会，制定章程明确家长委员会的职责和权利。

2.定期召开家长会：每学期召开两次家长会，分别针对学期初和学期末的工作进行沟通和反馈。同时设立家长意见箱，收集家长的意见和建议。

3.教师激励机制：制定教师绩效考核制度，将教师的工作表现与绩效挂钩，设立优秀教师奖励制度。同时加强师德师风建设，提高教师的职业素养。

4.课程改革与教学方法改进：组织教师参加培训和学习，引导教师积极探索适合学生的教学方法和手段。同时加强对学生个性化需求的了解，制订适合不同学生的课程设置和教学计划。

## 五、效果评估

经过一个学期的实践，学校对实施效果进行了评估。

1.家长参与度提高：家长委员会发挥了积极作用，参与学校决策的积极性显著提高。同时家长对学校的满意度也得到了提升。

2.管理效率和质量提升：通过加强教师激励机制和课程改革等措施的实施，学校的管理效率和质量得到了显著提升。学生问题得到及时解决，教育教学质量明显提高。

3.家校沟通加强：通过定期召开家长会和设立家长意见箱等措施的实施，加强了家校之间的沟通。家长对学校的决策更加了解和认同。

4.学校形象提升：通过实施以上措施，学校的形象得到了提升。社会对学校的评价更加积极和正面。

通过引入家长参与学校决策的机制和其他相关措施的实施，该初中学校成功地提升了管理效率和质量。同时加强了家校之间的沟通与合作，提高了家长的满意度和学校的形象。这些措施的实施对其他学校也有一定的借鉴意义。

# 第二节　实践案例二：家长教师联合会，促进家校合作与教育资源共享

## 一、背景介绍

某城市的一所小学，近年来发现家校合作不足，教育资源共享程度低，家长与教师之间缺乏有效的沟通和协作。为了改善这一状况，学校决定成立家长教师联合会，旨在促进家校合作，提高教育资源共享水平。

## 二、问题分析

通过问卷调查和访谈，学校了解到以下的问题。

1.家长和教师之间的沟通渠道不畅，缺乏有效的信息传递和协作机制。

2.家长对学校教育了解不足，难以参与到学校教育中。

3.教育资源共享程度低，学校与社区之间的资源没有得到充分利用。

## 三、策略制定

针对以上问题，学校制定了以下策略。

1.成立家长教师联合会：由家长和教师共同参与，负责组织活动、协调家校合作事宜。

2.建立有效的沟通渠道：通过家长教师联合会，加强家长与教师之间的沟通，定期召开会议，共同商讨学校教育问题。

3.提高教育资源共享水平：通过家长教师联合会，整合学校与社区的教育资源，实现资源共享。同时鼓励家长和社区参与学校教育活动，提高教育质量。

4.加强家长教育参与：通过家长教师联合会，组织家长参与学校教育活动，提高家长的参与度和满意度。

## 四、实施过程

1.成立家长教师联合会：按照章程规定，选举产生家长教师联合会成员，明确职责和权利。

2.建立沟通渠道：制定家长教师联合会工作制度，定期召开会议，及时了解和解决家校合作中的问题。同时设立家长教师交流平台，方便日常沟通和信息传递。

3.提高教育资源共享水平：整合学校与社区的教育资源，制定资源共享方案。同时鼓励家长和社区捐赠教育物资和参与学校教育活动策划与实施。

4.加强家长的教育参与度：组织丰富多彩的亲子活动和家长教育培训班，提高家长的育儿知识和教育素养。同时邀请家长参与学校重大决策和课程设置等问题的讨论。

## 五、效果评估

经过一个学期的实践，学校对实施效果进行了评估。

1.家校合作加强：家长教师联合会发挥了积极作用，家校之间的沟通和合作得到了显著加强。家长对学校的满意度明显提高。

2.教育资源共享提升：通过成立家长教师联合会和制定资源共享方案等措施的实施，教育资源共享水平得到了显著提升。学校与社区之间的资源得到了更加充分的利用。

3.家长参与度提高：通过组织亲子活动和家长教育培训班等措施的实施，家长的育儿知识和教育素养得到了提高。同时家长更加积极地参与到学校教育中来。

4.学校形象提升：通过以上措施的实施，学校的形象得到了提升。社会对学校的评价更加积极和正面。

通过成立家长教师联合会和其他相关措施的实施，该小学成功地促进了家校合作与教育资源共享。同时提高了家长的满意度和参与度以及学校的形象。这些措施的实施对于其他学校也有一定的借鉴意义。在未来的发展中需要不断总结经验教训，不断完善和优化相关措施，为提高教育质量和管理效率创造更加有利的条件。

# 第三节　实践案例三：家长志愿者活动，增强学校教育与家庭教育的连贯性

## 一、背景介绍

随着社会的发展和教育观念的转变，学校教育和家庭教育之间的连贯性越来越受到重视。为了加强学校与家庭之间的联系，提高教育质量，某城市的一所中学决定开展家长志愿者活动，以增强学校教育与家庭教育的连贯性。

## 二、问题分析

在实施家长志愿者活动之前，学校通过对家长和教师的调查和访谈，了解到有关教育的一些问题。

1.家长对孩子的学校教育了解不足，难以参与到学校教育中。

2.教师与家长之间的沟通不畅，缺乏有效的信息传递和协作机制。

3.学校教育与家庭教育之间缺乏连贯性，学生难以适应不同教育环境之间的转变。

## 三、策略制定

针对以上问题，学校制定了以下策略。

1.开展家长志愿者活动：组织家长参与学校教育活动，加强家长对学校教育的了解和参与度。

2.建立有效的沟通渠道：通过家长志愿者活动，加强教师与家长之间的沟通，定期召开会议，共同商讨学校教育问题。

3.提高教育连贯性：通过家长志愿者活动，加强学校教育与家庭教育之间的联系，提高教育连贯性。同时鼓励家长参与学校教育活动的策划与实施，提高教育质量。

## 四、实施过程

1.组织家长志愿者培训：在家长志愿者活动开始前，组织一次培训会，向家长介绍学校的课程设置和教育理念，同时向家长说明活动的目的和意义。

2.设立家长志愿者岗位：根据学校的实际情况和需要，设立不同的家长志愿者岗位，如课外活动指导员、心理辅导员等。每个岗位都有明确的职责和任务。

3.安排家长志愿者进校：根据家长的意愿和时间安排，安排家长志愿者进校参与活动。同时安排教师与家长志愿者进行沟通，确保活动的顺利进行。

4.定期召开家长会：在活动期间，定期召开家长会，向家长汇报学校的办学情况和学生的表现，同时收集家长的意见和建议。

5.组织亲子活动：通过组织亲子活动，加强家长与孩子之间的沟通和互动，提高家庭教育的质量。

## 五、效果评估

经过一个学期的实践，学校对实施效果进行了评估。

1.家长参与度提高：通过家长志愿者活动，家长的参与度得到了显著提高。许多家长主动参与到学校教育中来，积极为学校发展出谋划策。

2.教育连贯性加强：通过加强学校教育与家庭教育之间的联系，学生的教育连贯性得到了显著提高。学生在不同的教育环境之间能够更好地适应和转变。

3.家校合作加强：通过家长志愿者活动，家校之间的沟通和合作得到了进一步加强。教师与家长之间的信息传递更加畅通，共同解决学生教育问题。

4.教育质量提高：通过提高教育连贯性和加强家校合作等措施的实施，学生的学习成绩和综合素质得到了显著提高。同时学生的心理健康状况也得到了改善。

5.社会反响积极：通过家长志愿者活动的开展，社会对学校的评价更加积极和正面。许多家长对学校的办学理念和教育质量表示认可和支持。

通过开展家长志愿者活动等措施的实施，该中学成功地增强了学校教育与家庭教育的连贯性。同时提高了家长的参与度和满意度，并对教育质量和社会评价产生了积极影响。这些措施的实施对于其他学校也有一定的借鉴意义。在未来的发展中需要不断总结经验教训，不断完善和优化相关措施，为提高教育质量和管理效率创造更加有利的条件。

# 第四节　效果评估：家校合作对初中学校管理的影响与贡献

## 一、背景介绍

随着社会的发展和教育观念的转变，家校合作成了一种趋势，家庭和学校不再是各自为政的教育系统，而是相互配合、相互支持的关系。初中阶段是学生成长的关键时期，家校合作的加强对于提高学校管理效率、促进学生的全面发展具有重要意义。

## 二、问题分析

初中学校管理中存在的问题。

1.家庭与学校之间的沟通不畅：由于缺乏有效的沟通渠道和机制，家长与学校之间的信息传递不及时、不全面，导致家庭与学校之间的配合不够默契。

2.教育目标不一致：有些家长过于关注学生的成绩，忽略了其他方面的发展，而学校则更注重学生的综合素质和全面发展，导致二者教育目标不一致，难以形成有效的教育合力。

3.教育方法不统一：有些家长在家庭教育中过于宽松或过于严格，与学校的教育方法不统一，导致学生出现困惑和不安，不利于学生的成长和发展。

针对以上问题，家校合作具有的作用。

1.加强沟通，促进合作：通过家校合作，家长可以更加了解学校的教育理念和教育计划，同时学校也可以更加了解学生的家庭情况和个性特点，有利于形成有效的教育合力。

2.统一教育目标和方法：通过家校合作，家长和学校可以共同制定教育目标和方法，统一教育理念和价值观，有利于学生的全面发展和综合素质的提高。

3.提高学校管理效率：通过家校合作，家长可以参与到学校管理中来，提出意见和建议，帮助学校改进管理方法，提高管理效率。

## 三、策略制定

为了加强家校合作对初中学校管理的影响与贡献可以采取的策略。

1.建立有效的沟通渠道：通过借助建立家长委员会、定期召开家长会等机制，加强家长与学校之间的沟通联系，及时反馈学生的情况和问题，促进家庭与学校之间的合作。

2.加强家庭教育指导：通过开展家庭教育讲座、亲子活动等形式，加强对家长的指导和帮助，提高家长的教育水平和能力，促进家庭与学校之间的配合。

3.共同制订教育计划：邀请家长参与学校的教育计划制订过程，共同商讨教育目标和方法，制订符合学生实际情况的教育计划。

4.加强学生心理健康指导：建立心理健康指导机制，邀请家长参与学生的心理健康指导工作，加强家庭与学校之间的协作。

5.建立评价机制：建立家校合作评价机制，对家校合作的效果进行评估和反馈，不断改进和完善家校合作的机制和方法。

## 四、实施过程

可以按照以下步骤实施上述策略。

1.制订计划：根据学校的实际情况和需要，制订详细的家校合作计划和时间表。

2.组织人员：确定参与家校合作的人员和部门，明确各自的职责和任务。

3.实施计划：按照计划实施家校合作的各项活动和措施。

4.监督和评估：对家校合作的实施过程进行监督和评估，及时发现问题并采取措施进行改进。

5.总结反馈：对家校合作的实施效果进行总结反馈，分析问题和不足之处，为今后的家校合作提供参考和借鉴。

## 五、效果评估

经过一段时间的实施后，对家校合作的效果进行评估。

1.沟通更加顺畅：通过建立有效的沟通渠道和机制以及加强家庭教育指导等措施的实施，家校之间的沟通更加顺畅、信息传递更加及时全面。

2.教育目标和方法更加统一：通过共同制订教育计划和加强心理健康指导等措施的实施，家庭和学校的教育目标和方法更加统一，有利于学生的全面发展和综合素质的提高。

3.学校管理效率提高：通过家长的参与和家校合作评价机制的建立等措施的实施，学校管理更加科学、规范和高效。

4.学生发展更加全面：通过家校合作的加强和各项措施的实施，学生的综合素质得到提高，学习成绩、兴趣爱好、个性特点等方面都得到了更好的发展。

5.家长满意度提高：通过家校合作的加强和各项措施的实施，家长对于学校的教育和管理更加满意，对于学生的成长和发展也更加放心。

## 六、总结反思

通过本次评估，可以得出以下结论：家校合作对于初中学校管理的影响与贡献是非常重要的。通过加强沟通、统一教育目标和方法、提高学校管理效率等措施的实施，家校合作能够促进学生的全面发展，并提高学校的管理效率。同时，也需要注意家校合作中存在的问题和不足之处，如沟通不畅、教育目标和方法不一致等，这需要家校双方不断改进和完善家校合作的机制和方法。

## 七、未来展望

未来，随着社会的发展和教育观念的转变，家校合作将会更加重要。在未来的发展中，需要进一步加强家校合作的机制和方法，如建立更加有效的沟通渠道和机制、加强家庭教育指导等措施的实施。同时，家校合作双方需要不断探索和创新家校合作的形式和内容，如开展家庭教育讲座、亲子活动等形式丰富的家校合作活动，为学生的成长和发展创造更好的条件和环境。

# 第九章 提升初中学校管理中家校合作的对策建议

## 第一节 加强政策引导，提高家校合作的重要性和地位

### 一、制定相关政策法规，明确家校合作的目标和任务

家校合作是促进初中学生全面发展和提高学校管理效率的重要途径。为了进一步加强家校合作，制定本政策法规。

（一）家校合作的目标

1.加强家庭与学校之间的沟通与合作，促进学生的健康成长和发展。

2.统一家庭和学校的教育目标和方法，提高教育质量和效果。

3.增强家庭和学校在学生教育中的责任和参与度，促进学生的全面发展和个性发展。

4.推动家庭和学校之间的资源共享和互补，提高教育资源的利用效率。

5.提高家长对学校教育的满意度，增强学校的公信力和形象。

（二）家校合作的重点任务

1.加强沟通与协调

（1）建立定期的家校沟通机制，如家长会、教师-家长座谈会等，畅通家庭与学校之间的沟通渠道。

（2）鼓励家长积极参与学校教育活动，提高家长的参与度和满意度。

（3）加强学校与家长的沟通协调，统一教育目标和方法，提高教育效果。

2.推进教育改革

（1）制订科学、合理的教育计划和评价标准，注重学生的综合素质和个性发展。

（2）加强心理健康教育指导，帮助学生解决心理问题，提高学生的心理素质。

（3）推进课程改革和教育方式创新，注重培养学生的创新精神和实践能力。

3.提高学校管理效率

（1）加强学校内部管理，提高学校管理人员的素质和管理水平。

（2）推进学校信息化建设和管理现代化，提高学校管理效率和管理质量。

（3）加强校园安全管理和环境建设，营造良好的校园文化氛围。

4.促进学生的全面发展

（1）注重学生的全面发展，加强体育、艺术、科技等方面的教育。

（2）鼓励学生参加社会实践和志愿服务等活动，培养学生的社会责任感和实践能力。

（3）加强对学生个体差异的关注和指导，帮助学生发掘自身潜力和发展个性特点。

5.加强家庭教育指导

（1）加强对家长的培训和教育指导，提高家长的教育水平和教育能力。

（2）开设家庭教育讲座和亲子活动等形式丰富的家校合作活动，让家长更加了解学生的成长和发展过程，同时，也可以提高家长对于学校教育的满意度和信任度。

（3）鼓励家长参与学校的决策和管理支持。学校开展各项工作深入了解学校的办学理念和发展目标，帮助家长更好地配合学校对学生进行教育和管理。同时，也可以为学校的发展和建设提供更多的支持和帮助。

## 二、加强宣传力度，提高社会对家校合作的认知和重视程度

为了进一步加强家校合作，除了制定相关政策法规外，还需要加强宣传力度，提高社会对家校合作的认知和重视程度。以下呈现的内容是一份关于加强宣传力度，提高社会对家校合作认知和重视程度的建议。

家校合作是现代教育发展的重要趋势，对于学生的全面发展和成长具有重要意义。然而，当前社会对家校合作的认知和重视程度还存在不足，需要进一步加强宣传力度，提高社会对家校合作的认知和重视程度。

（一）宣传目标

1.加强社会对家校合作的认知和理解，提高社会对家校合作的重视程度。

2.传递家校合作的重要性和必要性，引导社会各界关注和支持家校合作。

3.弘扬家庭教育和社会教育的价值，促进家庭教育和社会教育的融合发展。

（二）宣传措施

1.媒体宣传

（1）利用电视、广播、报纸、杂志等传统媒体，开设家校合作专题栏目，宣传家校合作的重要性和必要性。

（2）利用网络新媒体，如微博、微信、APP 等，发布家校合作相关信息和活动，扩大宣传覆盖面。

2.家庭教育宣传周活动

（1）设立家庭教育宣传周，通过开展家庭教育讲座、专家论坛、亲子活动等形式多样的活动，普及家庭教育知识。

（2）在宣传周期间，组织家庭教育宣传进社区、进学校等活动，提高家庭教育知识的普及率和覆盖面。

3.学校宣传

（1）学校要加强对家校合作的宣传力度，通过家长会、家长学校、家长信等形式，向家长传递家校合作的重要性和必要性。

（2）学校可以组织家长交流会、教师-家长座谈会等活动，促进家长和教师之间的沟通和交流，加深家长对学校教育的理解和支持。

4.社会公益宣传

（1）利用社会公益组织的力量，开展家校合作相关的公益活动，如家庭教育咨询、亲子沟通培训等。

（2）利用明星效应，邀请知名人士担任家校合作的宣传大使，提高社会对家校合作的关注度和支持度。

（三）宣传效果评估

1.加强对宣传效果的评估和反馈机制建设，及时了解宣传效果和收集反馈意见。

2.通过调查问卷、个案分析等方式，了解公众对家校合作的认知和态度变化，评估宣传效果的实际影响。

3.根据评估结果及时调整宣传策略和方法，强化宣传效果和质量。同时也可以进一步弘扬家庭教育和社会教育的价值，促进家庭教育和社会教育的融合发展，让更多的家庭和社会各界人士认识到家校合作对于学生全面发展和成长的重要性，从而为家校合作的发展提供更多的支持和帮助，营造良好的社会氛围和发展环境。

## 三、建立学校主导、家长参与的家校合作机制

家庭和学校是学生成长的重要场所，二者之间的密切合作对于学生的全面发展和成长具有不可替代的作用。随着教育改革的深入推进，家校合作的重要性逐渐得到广泛认可。然而，当前家校合作还存在一些问题，如缺乏有效的沟通交流、缺乏合作机制等。因此，建立以学校为主导、家长参与的家校合作机制势在必行。

（一）学校主导地位的确立

学校作为学生教育的主要场所，在家校合作中应发挥主导作用。学校应通过以下措施确立主导地位。

1.完善组织机构

学校应成立家校合作委员会，负责制订家校合作计划和政策，协调各方资源，促进家校合作的深入开展。同时，学校还应设立家长委员会，邀请家长代表参与学校管理和教育活动，增强家长的参与感和归属感。

2.加强教师培训

教师是家校合作的关键因素之一。学校应加强对教师的培训，提高教师与家长的沟通能力和合作能力，使他们能够更好地与家长合作，共同促进学生的成长。

3.制订合作计划

学校应根据学生的特点和实际情况，制订家校合作计划。计划应包括合作目标、内容、方式、时间等方面，确保家校合作的针对性和有效性。

（二）家长参与的重要性

家长是孩子的第一任老师，他们对孩子的了解和教育对于学生的成长具有不可替代的作用。因此，在家校合作中，必须重视家长的参与。

1.增强家长参与意识

学校应通过多种途径，如家长会、家长学校、家长信等，向家长宣传家校合作的重要性和必要性，提高家长的参与意识和责任感。同时，学校还可以邀请家长代表分享育儿经验和教育心得，激发其他家长的参与热情。

2.拓展家长参与途径

学校可以通过多种形式拓展家长参与途径，如邀请家长参加班级或学校的各项活动、组织家长志愿者服务队等。此外，学校还可以通过家长委员会等组织形式，为家长提供更多参与学校管理和教育活动的机会。

（三）机制建设的关键要素

要建立学校主导、家长参与的家校合作机制，需要关注一些关键要素。

1.沟通协调

家校合作过程中需要保持密切的沟通协调。学校应定期召开家长会、教师会等会议，加强与家长的沟通和交流。同时，学校还应设立专门的沟通渠道，如电话、电子邮件等，方便家长及时反馈问题和意见。

2.资源整合

学校和家长分别拥有不同的教育资源，包括人力、物力、财力等方面的资源。在家校合作过程中，应注重资源整合和共享，实现优势互补。例如，学校可以邀请家长参与学校的义工活动或担任某些特定职务等。

3.活动设计

家校合作需要开展各种形式的活动来实现合作目标。在设计活动时，应充分考虑学校和家长的实际情况和需求，确保活动的针对性和可行性。例如，可以组织亲子活动、家长经验分享会等。

# 第二节 完善家校合作的组织架构和运行机制，增强合作力度和效果

## 一、建立健全家校合作的组织机构和职责分工

家校合作是现代教育发展的重要趋势，对于学生的全面发展和成长具有重要意义。为了更好地推进家校合作工作，需要建立健全的组织机构和明确的职责分工，确保各方能够密切配合、各司其职，共同促进学生的成长和发展。

（一）学校在家校合作中的主导作用

学校作为学生教育的主要场所，在家校合作中应发挥主导作用。学校应当建立完善的组织机构和职责分工，确保家校合作工作的有效开展。

1.建立家校合作委员会

学校应当成立家校合作委员会，由校长担任主席，分管校长担任副主席，成员包括各科室负责人、家长代表和教师代表等。家校合作委员会负责制订家校合作政策、计划和方案，协调各方资源，促进家校合作的深入开展。

2.设立家长委员会

学校应当设立家长委员会，由家长代表组成，负责参与学校管理和教育活动，增强家长的参与感和归属感。家长委员会应当定期召开会议，与学校领导和教师沟通交流，共同商讨学生教育和成长问题。

3.建立家长教师联谊会

学校可以建立家长教师联谊会，由家长和教师共同参与，定期举行座谈会、交流会等活动，加强家长与教师之间的沟通和联系，促进双方之间的理解和支持。

（二）家长在家校合作中的参与作用

家长是孩子的第一任教师，他们对孩子的了解和教育对于学生的成长具有不可替代的作用。因此，在家校合作中，必须重视家长的参与作用。

1.参与学校管理和教育活动

家长应当积极参与学校管理和教育活动，通过家长委员会等组织形式为学校提供支持和帮助。家长可以参加学校的各项活动，了解学生的学习和生活情况，为学生的成长提供指导和支持。

2.关注孩子的成长和发展

家长应当关注孩子的成长和发展，加强与孩子的沟通和交流，了解孩子的兴趣爱好和学习情况，为孩子提供良好的家庭教育和成长环境。同时，家长还应当积极配合学校的教育工作，共同促进学生的全面发展和成长。

（三）职责分工和合作机制的建立

为了确保家校合作工作的有序开展，需要明确学校、家长和相关部门的职责分工和合作机制的建立。

1.职责分工

学校应当承担家校合作的主导作用，制订政策和计划，组织开展各项活动，提供教育教学资源和支持。家长应当积极参与家校合作工作，关注孩子的成长和发展情况，提供家庭教育和成长环境等方面的支持和帮助。同时，相关部门应当提供必要的政策和资金支持，为家校合作工作创造良好的环境和条件。

2.合作机制的建立

在家校合作过程中，应当建立完善的合作机制和沟通渠道。学校应当定期召开家长会、教师会等会议，加强与家长的沟通和交流。同时，学校还应当设立专门的沟通渠道，如电话、电子邮件等方便家长及时反馈问题和意见。家长和教师之间也应当加强沟通和联系，及时了解学生的情况并共同制订教育计划和方案，促进学生的全面发展和成长。

## 二、完善家校合作的制度和规范，明确合作内容和要求

完善家校合作的制度和规范，明确合作内容和要求，是推动家校合作深入开展的重要保障。下面将从制度建设、合作内容和要求三个方面进行论述。

（一）制度建设

1.建立家校合作法律法规

国家应当出台家校合作的法律法规，明确学校、家长和相关部门的权利和义务，规范家校合作的行为和程序。通过法律法规的约束和引导，确保家校合作工作的依法开展和有效实施。

2.制定家校合作政策文件

教育行政部门应当制定家校合作的政策文件，明确家校合作的目标、任务、措施和保障机制等，指导学校开展家校合作工作。政策文件应当具有可操作性和可考核性，确保家校合作工作的有效实施。

3.建立家校合作工作机制

学校应当建立家校合作工作机制，包括定期会议制度、信息共享制度、问题反馈制度等。通过机制的建立和完善，确保学校与家长之间的密切配合和有效沟通，共同推进家校合作工作。

（二）合作内容

1.学生成长信息的共享

学校应当及时向家长反馈学生的学习和生活情况，包括学习成绩、在校表现、心理状况等。同时，家长也应当向学校提供孩子在家庭中的表现和成长情况，共同关注学生的全面发展和成长。

2.教育活动的共同参与

学校应当组织各种教育活动，包括文艺比赛、体育比赛、社会实践等，邀请家长和学生共同参与。家长可以通过参与活动了解孩子的兴趣爱好和发展方向，为孩子的成长提供更好的指导和支持。

3.教育资源的共享利用

学校和家长都拥有各自的教育资源，这些资源应当得到充分利用和共享。学校可以向家长提供教育教学资源、师资力量等方面的支持和帮助，家长也可以向学校提供家庭教育和成长环境等方面的资源和支持。

4.决策咨询和问题解决

学校在制定重大决策时应当听取家长和社会的意见和建议，特别是涉及学生利益和权益的决策。同时，当出现问题和矛盾时，学校和家长应当及时沟通和协商解决，共同维护学生的利益和权益。

（三）要求

1.尊重学生的隐私权和人格尊严

在开展家校合作过程中，应当尊重学生的隐私权和人格尊严。学校和家长不得随意泄露学生的个人信息和隐私，不得采用侮辱、歧视等手段对待学生及其家庭。

2.加强沟通和协商解决问题

家校合作过程中难免会出现问题和矛盾，这时应当加强沟通和协商解决问题。学校和家长应当相互理解和支持，积极寻求解决问题的途径和方法，共同促进学生的全面发展和成长。

## 三、加强学校与家长的沟通和联系，及时解决问题和反馈意见

加强学校与家长的沟通和联系，及时解决问题和反馈意见，是家校合作中非常重要的一环。下面将从建立沟通渠道、定期反馈机制、问题解决流程三个方面进行论述。

（一）建立沟通渠道

1.建立定期会议制度

学校应当建立定期会议制度，包括家长会、校务会、教职工大会等，及时向家长通报学校的工作情况和重要决策，同时听取家长的意见和建议。通过定期会议制度的建立，可以促进学校与家长之间的密切配合和有效沟通。

2.建立家长委员会

学校应当建立家长委员会，邀请家长代表参与学校的管理和决策。家长委员会可以发挥桥梁和纽带作用，及时传递学校和家长之间的信息和意见，促进双方的沟通和合作。

3.建立信息共享平台

学校可以建立信息共享平台，如校园网站、微信公众号等，及时发布学校的工作动态、教育教学信息、学生活动等，方便家长获取信息和参与学校管理。

（二）定期反馈机制

1.定期反馈教育教学情况

学校应当定期向家长反馈教育教学情况，包括学生的学习状况、教师的教学情况、课程设置等。通过定期反馈，可以让家长了解孩子在学校的学习和生活情况，为孩子的成长提供更好的支持和帮助。

2.定期反馈学生的心理健康状况

学校应当定期向学生家长反馈学生的心理健康状况，包括学生的情绪状态、人际关系、学习压力等。通过反馈，可以让家长及时关注孩子的心理健康问题，采取有效的措施进行干预和帮助。

3.定期反馈学生课外活动情况

学校应当定期向学生家长反馈学生课外活动情况，包括学生参加的各种比赛、社会实践、志愿服务等活动的情况。通过反馈可以让家长了解孩子在课外的表现和兴趣爱好，为孩子的全面发展提供更好的支持和帮助。

（三）问题解决流程

1.及时发现问题

学校和家长都应当及时发现问题和矛盾的存在。一旦发现问题和矛盾应当立即采取措施进行解决。同时应当加强沟通和协商解决问题的方式和方法，避免将问题和矛盾扩大化。

2.成立问题解决小组

当问题和矛盾无法通过协商解决时，可以成立问题解决小组，由学校领导、相关教师、家长代表和学生代表共同组成，对问题和矛盾进行调查研究和协调解决。问题解决小组应当制订详细的问题解决计划并落实到人，确保问题得到妥善解决。

3.制定问题解决方案

问题解决小组应当制定详细的问题解决方案并按照方案进行落实。在制定问题解决方案时，应当充分考虑各方面的利益诉求和实际情况确保，方案的科学性和可行性。同时应当对方案的实施情况进行监督和评估，及时进行调整和完善。

# 第三节　加强教师培训，提高教师开展家校合作的能力和素质

## 一、加强对教师的家校合作培训，提高教师的合作意识和能力

加强对教师的家校合作培训，提高教师的合作意识和能力，是推进家校合作的重要环节。下面将从培训内容、培训方式、培训效果评估三个方面进行论述。

（一）培训内容

1.家校合作理念培训

在培训中，应当向教师普及家校合作的重要性和意义，让教师认识到家校合作是促进学生全面发展的重要途径，也是提高教育教学质量的重要手段。同时，应当引导教师转变传统教育观念，树立平等、合作、共享的教育理念，提高教师的合作意识。

2.家校沟通技巧培训

沟通是家校合作的基础，教师应当掌握有效的沟通技巧，包括如何与家长建立良好的关系、如何倾听家长的意见、如何表达自己的观点等。通过沟通技巧的培训，可以增强教师的沟通能力，提高家校合作的效率。

3.问题解决能力培训

在家校合作中，难免会遇到各种问题和矛盾，教师应当学会及时发现问题、分析问题、解决问题。通过问题解决能力培训，可以让教师掌握解决问题的科学方法和技巧，提高教师的应变能力和解决问题的能力。

（二）培训方式

1.集中培训和分散培训相结合

在培训中，可以采用集中培训和分散培训相结合的方式。集中培训可以邀请专家举办讲座、分享经验，让教师了解家校合作的前沿动态和最佳实践；分散培训可以针对不同年级、不同学科的特点，开展有针对性的培训，让教师掌

177

握家校合作的技巧和方法。

2.线上培训和线下培训相结合

在培训中，可以采用线上培训和线下培训相结合的方式。线上培训可以通过视频讲座、在线课程等方式进行，让教师随时随地学习；线下培训可以通过案例分析、角色扮演等方式进行，让教师在实践中学习和提高。

3.理论学习和实践操作相结合

在培训中，应当注重理论学习与实践操作相结合。理论学习可以让教师了解家校合作的基本理念和理论框架，实践操作可以让教师在实际工作中运用所学知识解决问题。通过理论学习与实践操作相结合，可以让教师更好地掌握家校合作的技能和方法。

（三）培训效果评估

1.培训过程评估

在培训过程中，应当对教师的参与度、学习情况进行实时评估和反馈。可以采用课堂表现、小组讨论、案例分析等方式进行评估和反馈，让教师及时了解自己的学习情况和不足之处，及时调整学习状态和方法。

2.培训结果评估

在培训结束后，应当对教师的培训结果进行评估。可以采用问卷调查、实际操作考核等方式进行评估，了解教师对家校合作的认识和掌握程度，评估培训效果和质量。同时，应当根据评估结果对培训方案进行调整和完善，提高培训效果和质量。

3.家校合作效果评估

在家校合作中，应当对合作效果进行评估。可以采用家长满意度调查、学生反馈等方式进行评估，了解家校合作的实际效果和质量。同时，应当根据评估结果对家校合作方案进行调整和完善，提高家校合作效果和质量。

加强对教师的家校合作培训，提高教师的合作意识和能力，是推进家校合作的重要环节。通过科学合理的培训内容和方式以及有效的评估机制，可以提高教师的家校合作能力和水平，并取得更好的合作效果。为了更好地促进学生的全面发展和提高教育教学质量，家校合作是一种必然趋势，加强教师在这方面的培训是非常必要的。

## 二、鼓励教师开展家访和家长工作，深入了解学生家庭情况并给予指导和帮助

鼓励教师开展家访和家长工作，深入了解学生家庭情况并给予指导和帮助，是提高教育质量和促进家校合作的重要途径。下面将从意义、实践方法和需要注意的问题三个方面进行论述。

（一）意义

1.提高教育质量

通过家访和家长工作，教师可以更深入地了解学生的家庭背景、生活习惯、学习环境和心理状态等方面的情况，从而更好地因材施教，提高教育质量。同时，教师还可以通过与家长的沟通和交流，了解家长的教育期望和需求，更好地调整教育教学策略，满足家长和学生的需求。

2.促进家校合作

家访和家长工作是促进家校合作的重要手段。通过家访和家长工作，教师可以与家长建立更紧密的联系，增强互信和合作意识，共同关注学生的成长和发展。同时，教师还可以通过与家长的沟通和交流，及时发现和解决学生在家庭教育中存在的问题和困难，提高家庭教育的效果和质量。

3.增强教师责任感和职业素养

家访和家长工作是教师工作的重要组成部分。通过家访和家长工作，教师可以更深入地了解学生的实际情况和需求，增强教师的责任感和职业素养。同时，教师还可以通过与家长的沟通和交流，提高教师的沟通能力和解决问题的能力，提高教师的综合素质和职业素养。

（二）实践方法

1.制订计划和目标

教师开展家访和家长工作前，应当制订详细的计划和目标。计划应当包括家访的对象、时间、地点、目的、内容等；目标应当明确家访要解决的问题和达到的效果。同时，教师还应当根据学生的实际情况和需求，确定家访和家长工作的重点和优先级。

2.加强沟通和协调

教师开展家访和家长工作时，应当加强与家长的沟通和协调。首先，应当提前与家长联系并告知家访的目的、时间和地点等；其次，应当认真听取家长的意见和建议并给予积极的回应和处理；最后，应当与家长共同制定解决问题的方案并落实措施。同时，教师还应当关注学生的心理健康和家庭教育问题，及时给予指导和帮助。

3.注重反馈和评估

教师开展家访和家长工作后，应当注重反馈和评估。反馈应当及时、准确、全面地反映学生的学习、家庭和心理状态等方面的情况；评估应当根据家访和家长工作的目标和实际效果进行评估和总结。同时，教师还应当根据反馈和评估结果及时调整教育教学策略和家校合作方案，提高教育质量和效果。

（三）需要注意的问题

1.尊重家长和学生隐私权

教师在开展家访和家长工作时，应当尊重家长和学生的隐私权。在未经家长和学生同意的情况下，不得随意泄露学生家庭和个人等敏感信息。同时，教师还应当在开展家访和家长工作时遵守相关法律法规和学校规章制度等规定。

2.避免过度干预家庭生活

教师在开展家访和家长工作时，应当避免过度干预家庭生活。在了解学生家庭情况和需求的基础上，应当尊重家长的意愿和决定，不干涉家庭内部事务。同时，教师还应当在开展家访和家长工作时保持中立和客观的态度。

3.提高自身素质和能力

教师在开展家访和家长工作时，应当提高自身素质和能力。包括沟通技巧、观察、分析、解决问题的能力等。同时教师还应当不断学习和掌握新的知识和技能，不断提高自身的综合素质和能力水平，更好地开展家校合作工作，促进学生的全面发展和提高教育教学质量。

## 三、加强教师与家长之间的沟通技巧和语言表达能力培训

加强教师与家长之间的沟通技巧和语言表达能力培训，对于提高教师与家

长之间的沟通效果和促进学生的全面发展具有重要意义。以下将从意义、实践方法和需要注意的问题三个方面进行论述。

（一）意义

1.提高沟通效果

教师与家长之间的沟通是教育的重要组成部分。通过有效的沟通，教师可以及时了解学生在家庭中的表现、学习和生活情况，同时也可以向家长反馈学生在学校的学习和生活情况。加强教师与家长之间的沟通技巧和语言表达能力培训，可以提高沟通效果，更好地实现家校合作。

2.增强互信和合作

有效的沟通可以增强教师和家长之间的互信和合作。通过良好的沟通，教师可以更好地了解家长的需求和期望，家长也可以更好地了解教师的工作和付出。这有助于消除误解和分歧，增强双方的信任和合作意识，共同关注学生的成长和发展。

3.促进学生的全面发展

教师与家长之间的有效沟通可以促进学生的全面发展。通过沟通和交流，教师可以及时发现学生在学习和生活中存在的问题和困难，并给予及时的指导和帮助。同时，家长也可以更好地了解孩子的成长和发展需求，更好地参与到孩子的教育中来，共同促进学生的全面发展。

（二）实践方法

1.制订培训计划和内容

针对教师与家长之间的沟通技巧和语言表达能力培训，应当制订详细的培训计划和内容。计划应当包括培训的目标、时间、地点、参与人员、培训方式等；内容应当包括沟通技巧、语言表达艺术、沟通礼仪、互动技巧等方面。同时，还应当根据实际情况和需求，确定培训的重点和优先级。

2.采取多种培训方式

在开展教师与家长之间的沟通技巧和语言表达能力培训时，应当采取多种培训方式。包括讲座、案例分析、角色扮演、互动讨论等。这些培训方式可以有效地提高教师的沟通技巧和语言表达能力，同时也可以增强教师的参与感和自我认知。

3.建立反馈和评估机制

在开展教师与家长之间的沟通技巧和语言表达能力培训后，应当建立反馈和评估机制。反馈应当及时、准确、全面地反映教师的学习情况、实践效果和问题困难等；评估应当根据培训目标和实际效果进行评估和总结。同时，还应当根据反馈和评估结果及时调整培训计划和内容，提高培训质量和效果。

（三）需要注意的问题

1.注重实践和应用

教师在参与沟通技巧和语言表达能力培训时，应当注重实践和应用。只有将所学知识应用到实际工作和生活中去，才能真正提高自己的沟通技巧和语言表达能力。因此，教师在参与培训时应当积极参与到各种实践活动中去，多进行模拟演练和实践应用。

2.保持开放心态和积极态度

教师在参与沟通技巧和语言表达能力培训时，应当保持开放心态和积极态度。只有保持开放心态才能接受新的知识和技能；只有保持积极态度才能认真学习并付诸实践。因此教师在参与培训时应当多思考、多提问、多交流，积极与其他教师分享自己的经验和心得体会，共同探讨解决问题的方法和途径，促进自己的成长和发展。

3.重视后续跟进和支持

教师在参与沟通技巧和语言表达能力培训后，需要重视后续跟进和支持。只有持续不断地学习和实践，才能真正提高自己的沟通技巧和语言表达能力。因此，教师应当在培训结束后继续保持学习的状态和实践的热情，不断提高自己的综合素质和能力水平，更好地为学生和家长服务，促进学生的全面发展和提高教育教学质量，实现教育目标和社会责任。

# 第四节　拓展家校合作的渠道和方式，增加家长参与度和积极性

## 一、利用互联网平台和社交媒体拓展家校合作的渠道和方式

利用互联网平台和社交媒体拓展家校合作的渠道和方式，可以有效地提高家校合作的效率和效果，促进学生的全面发展。以下将从背景、意义、实践方法和需要注意的问题四个方面进行论述。

（一）背景

随着信息技术的快速发展，互联网和社交媒体已经成了人们日常生活和工作的一部分。在这个背景下，学校也开始利用互联网平台和社交媒体拓展家校合作的渠道和方式，以更好地满足家长的需求，提高家校合作的效率和质量。

（二）意义

1.提高沟通效率

利用互联网平台和社交媒体拓展家校合作的渠道和方式，可以大大提高沟通效率。传统的家校合作方式往往需要家长和教师面对面交流，或者通过电话、邮件等方式进行沟通。这些方式不仅费时费力，而且有时候还容易出现沟通不畅的情况。而通过互联网平台和社交媒体，家长和教师可以通过在线聊天、留言、评论等方式进行实时沟通，大大提高了沟通的效率和效果。

2.增强家校合作的效果

通过互联网平台和社交媒体，家长可以更加方便地参与到对孩子的教育中来，及时了解孩子在学校的学习和生活情况；同时也可以向学校提出自己的意见和建议。学校也可以通过互联网平台和社交媒体及时向家长传递信息，了解家长的反馈和需求，更好地满足家长的需求，增强家校合作的效果。

3.促进学生的全面发展

通过互联网平台和社交媒体拓展家校合作的渠道和方式，可以促进学生的

全面发展。学校可以通过互联网平台和社交媒体向家长传递学生的全面发展计划和实施情况；同时也可以向家长征集意见和建议，共同促进学生的全面发展。家长也可以通过互联网平台和社交媒体及时了解孩子的全面发展情况，参与到对孩子的教育中来，共同促进孩子的全面发展。

（三）实践方法

1.建立家校合作平台

建立家校合作平台是利用互联网平台和社交媒体拓展家校合作的渠道和方式的基础。学校可以建立自己的网站、微信公众号、APP 等平台，向家长发布学校新闻、通知、教育理念等信息，同时也可以向家长征集意见和建议，建立互动交流的渠道。

2.利用社交媒体建立班级群

学校可以利用社交媒体建立班级群，将学生家长加入到群中，方便家长之间的交流和互动。同时，教师也可以通过班级群向家长发布信息，解答家长的疑问，增强与家长的沟通和交流。

3.利用在线学习平台开展家校合作活动

学校可以利用在线学习平台开展家校合作活动，例如组织在线讲座、课程辅导、心理辅导等。这些活动不仅可以增强家校合作的效果，同时也可以促进学生的全面发展。

（四）需要注意的问题

1.保障信息安全

利用互联网平台和社交媒体拓展家校合作的渠道和方式时，需要注意保障信息安全。学校应当建立完善的信息安全管理制度，确保家长和教师的个人信息不被泄露和滥用；同时，也应当加强对网络安全的防范和管理，避免受到黑客攻击和病毒感染等安全风险。

2.遵守法律法规

利用互联网平台和社交媒体拓展家校合作的渠道和方式时，需要注意遵守法律法规。学校应当遵守相关法律法规的规定，不得侵犯家长的合法权益；同时也不能违反国家安全和社会公共利益。

3.适度使用互联网平台和社交媒体

利用互联网平台和社交媒体拓展家校合作的渠道和方式时，需要注意适度使用。虽然互联网平台和社交媒体可以带来很多便利和优势，但是也不能过度依赖这些工具，应当根据实际情况和需要适度使用，避免产生依赖综合征等问题，影响家校合作的效果和质量。

## 二、开展形式多样的家校合作活动，如家长会、家长学校、家长论坛等

开展形式多样的家校合作活动，可以有效地促进学校与家长之间的沟通和交流，共同促进学生的全面发展。以下将从背景、意义、实践方法和需要注意的问题四个方面进行论述。

（一）背景

随着社会的发展和教育观念的转变，家校合作已经成了一种普遍的教育模式。学校和家长之间的合作可以为学生提供更好的教育和成长环境，同时也可以提高学校的教育质量和办学水平。在传统的家校合作模式中，学校通常会组织一些简单的活动，如家长会、家长学校等，但这些活动往往缺乏系统性和多样性。因此，开展形式多样的家校合作活动，可以更好地满足家长和学校的需求，促进学生的全面发展。

（二）意义

1.增强家校合作的效果

开展形式多样的家校合作活动，可以增强家校合作的效果。通过多种形式的合作活动，家长可以更加全面地了解孩子在学校的学习和生活情况；同时也可以更好地理解学校的教育理念和教育方式。学校也可以通过多种形式的合作活动，更加了解家长的需求和意见，更好地满足家长的需求，提高学校的办学水平。

2.促进学生的全面发展

开展形式多样的家校合作活动，可以促进学生的全面发展。在多种形式的合作活动中，学生可以更加全面地了解自己的优势和不足之处；同时也可以更好地发掘自己的潜力和特长。家长和教师也可以通过多种形式的合作活动，共

同促进学生的全面发展，为学生提供更加优质的教育环境。

3.增强家长的参与感和责任感

开展形式多样的家校合作活动，可以增强家长的参与感和责任感。在多种形式的合作活动中，家长可以更加深入地参与到对孩子的教育中来，了解孩子的成长过程和学习情况；同时也能够增强自己的责任感和使命感。学校也可以通过多种形式的合作活动，与家长建立更加紧密的合作关系，共同促进学生的全面发展。

（三）实践方法

1.制订计划和方案

开展形式多样的家校合作活动，需要制订详细的计划和方案。学校可以根据实际情况和需要，制订年度家校合作计划和方案，明确各种合作活动的目标和实施方案。同时也可以根据不同年级和班级的特点和需求，制订更加具体的合作计划和方案。

2.组织多种形式的合作活动

学校可以组织多种形式的家校合作活动。

家长会：定期组织家长会，向家长汇报学校的工作情况和教育理念，同时也可以向家长征集意见和建议。

家长学校：组织家长学校，向家长传授教育知识和技能，提高家长的教育水平和能力。

家长论坛：组织家长论坛，让家长之间进行交流和互动，共同探讨孩子的教育问题和方法。

社会实践：组织社会实践，让学生走出校园、走进社会、感受生活实践的魅力与价值所在。比如走进社区、走上街头、走进博物馆等公共场所，开展有意义的社会实践活动；比如走进军营、走进自然、拓展视野等体验式活动；比如拓展训练等团队性活动。这些活动可以有效地提高家校合作的效率和效果，促进学生的全面发展；同时也可以促进家校之间的沟通和交流，建立良好的合作关系，共同促进学生的全面发展，创造更加优质的教育环境和社会氛围，实现教育兴国人才强国的战略目标和社会责任。

## 三、鼓励家长参与学校的志愿服务和公益活动，增强家长的参与度和积极性

鼓励家长参与学校的志愿服务和公益活动，可以增强家长的参与度和积极性，促进学校与家长之间的沟通和交流，共同促进学生的全面发展。以下将从背景、意义、实践方法和需要注意的问题四个方面进行论述。

（一）背景

随着社会的发展和教育观念的转变，家校合作已经成了一种普遍的教育模式。学校和家长之间的合作可以为学生提供更好的教育和成长环境，同时也可以提高学校的教育质量和办学水平。在传统的家校合作模式中，学校通常会组织一些简单的活动，如家长会、家长学校等，但这些活动往往缺乏系统性和多样性。因此，开展形式多样的家校合作活动，可以更好地满足家长和学校的需求，促进学生的全面发展。

（二）意义

1.增强家校合作的效果

鼓励家长参与学校的志愿服务和公益活动，可以增强家校合作的效果。通过参与活动，家长可以更加全面地了解孩子在学校的学习和生活情况；同时也可以更好地理解学校的教育理念和教育方式。学校也可以通过组织各种志愿服务活动，让家长更加了解自己的需求和意见，更好地满足家长的需求，提高学校的办学水平。

2.促进学生的全面发展

家长参与学校的志愿服务和公益活动，可以促进学生的全面发展。在活动中，学生可以学习到更多的知识和技能；同时也可以增强自己的社会责任感和团队合作意识。家长也可以通过参与活动，更好地了解孩子的成长过程和学习情况，与孩子建立更加亲密的关系。

3.增强家长的参与感和责任感

鼓励家长参与学校的志愿服务和公益活动，可以增强家长的参与感和责任感。在活动中，家长可以更加深入地参与到对孩子的教育中来，了解孩子的成长过程和学习情况；同时也能够增强自己的责任感和使命感。学校也可以通过

组织各种志愿服务活动，与家长建立更加紧密的合作关系，共同促进学生的全面发展。

（三）实践方法

1.制订计划和方案

鼓励家长参与学校的志愿服务和公益活动，需要制订详细的计划和方案。学校可以根据实际情况和需要，制订年度家校合作计划和方案，明确各种合作活动的目标和实施方案。同时也可以根据不同年级和班级的特点和需求，制订更加具体的合作计划和方案。

2.组织多种形式的志愿服务活动

学校可以组织多种形式的志愿服务活动。

校园环保行动：组织家长和学生一起清理校园周边环境中的垃圾和杂物，清理卫生死角，整治"脏乱差"现象；开展"绿色校园"创建活动，绿化美化校园环境；开展"光盘行动"等系列主题宣传教育活动，倡导文明健康的生活方式，树立节约环保理念，争做文明使者。开展垃圾分类、绿色出行、低碳生活等宣传教育活动，形成家校社协同育人合力。

爱心义卖活动：组织家长和学生一起参加爱心义卖活动，筹集善款帮助有需要的人或机构；或者利用筹集的善款购买学习用品、体育器材等物资，捐赠给贫困地区的学校或学生，让他们能够更好地学习和成长。

文化交流活动：组织家长和学生一起参加文化交流活动，例如参观博物馆、艺术馆等，了解中国的传统文化和历史；或者参加文艺比赛、音乐会等活动，展示自己的才艺，促进文化交流和融合。

健康关爱行动：组织家长和学生一起参加健康关爱行动，例如测量血压、血糖等活动，了解自己的健康状况；或者一起参加健身运动、瑜伽等锻炼身体，保持健康的生活方式。

科技创新活动：组织家长和学生一起参加科技创新活动，例如参加科技竞赛、机器人大赛等活动，培养孩子的创新能力和科学素养；或者一起参加科普讲座、科技展览等活动，了解最新的科技发展和应用前景。

社会实践体验活动：组织家长和学生一起参加社会实践体验活动，例如走进企业、社区等活动，了解社会的发展变化和实践经验；或者参加职业体验、实习实训等活动，培养孩子的实践能力和职业素养，拓展学生的视野和人脉资源，充实学生的社会资本和发展机遇，夯实人生根基，奠定成就未来的坚实基础。

家庭教育指导活动：组织家长和学生一起参加家庭教育指导活动，例如听讲座、参加亲子沟通工作坊等活动，学习家庭教育知识和技巧；或者一起参加家庭教育经验分享会等活动，交流家庭教育经验和方法，促进家庭教育水平的提高，为学生的成长提供更好的保障和支持。同时也可以通过家庭教育指导活动让家长更加了解自己的孩子，增强亲子关系和家庭凝聚力，为学生的成长创造更加和谐的家庭环境和社会环境，奠定未来成功幸福的基础。

## 第五节　建立科学的家校合作评价机制，及时反馈合作成果与不足并作出调整和改进

### 一、建立科学的家校合作评价机制，明确评价标准和方式方法

建立科学的家校合作评价机制是推动家校合作持续发展的重要环节。通过明确评价标准和方式方法，可以更好地衡量家校合作的成效，发现合作中存在的问题和不足，为进一步改进和完善家校合作提供有力支持。

（一）确立评价标准

1.目标明确性

家校合作的目标应该具有明确性，能够清晰地阐述合作的宗旨和目的。目标的确立应该基于学校、家庭和社会的需求与期望，同时考虑到学生的全面发展需要，确保目标的可达成性和可衡量性。

2.计划可行性

家校合作的计划应该具有可行性，能够考虑到各方资源的投入与配置，制

定合理的步骤和措施。计划的制订应该充分征求家长、教师、学校管理者和社会人士的意见和建议，确保计划的合理性和科学性。

3.参与广泛性

家校合作的参与主体应该具有广泛性，能够涵盖学校、家庭和社会的各个方面。参与的广泛性可以促进不同领域之间的交流与合作，增强合作的效果和影响力。

4.沟通畅通性

家校合作的过程应该具有沟通畅通性，能够及时传递信息、交流意见和建议。通过建立有效的沟通机制，可以增进各方之间的理解和信任，减少误解和分歧，确保合作的顺利进行。

5.效果显著性

家校合作的效果应该具有显著性，能够对学生的全面发展产生积极影响。效果的显著性可以通过学生的学习成绩、行为表现、社交能力和综合素质等方面进行衡量，同时也可以通过家长、教师和学校管理者的观察和评价来评估。

（二）采用多种评价方式

1.问卷调查

问卷调查是一种常用的评价方式，可以通过制定问卷收集家长、教师、学生和社会人士对家校合作的看法和建议。问卷调查可以针对不同群体制定不同的问卷内容，以更好地了解各方的需求和期望。

2.个案研究

个案研究是一种深入的评价方式，通过对个别学生的跟踪调查和分析，了解家校合作对其产生的影响和作用。个案研究可以选取具有代表性的学生作为研究对象，制订详细的个案研究计划，收集相关数据并进行分析。

3.观察法

观察法是一种直接的评价方式，通过对家校合作实践的现场观察和记录，了解合作的实际效果和表现。观察法可以由评价者亲自到现场进行观察，也可以通过视频、图片等资料进行间接观察。

4.成绩对比分析

成绩对比分析是一种客观的评价方式，通过对实施家校合作方案前后的学生成绩进行对比分析，了解家校合作对学生学习成绩的影响。成绩对比分析可以通过制定科学的数据统计和分析方法来进行评价。

（三）注重评价结果反馈和应用

1.及时反馈评价结果

评价结果应该及时反馈给相关人员，包括学校管理者、教师、家长和社会人士等。通过及时反馈评价结果，可以让他们了解家校合作的效果和问题所在，以便及时进行调整和完善。

2.科学分析评价结果

评价结果应该进行科学分析，以发现家校合作中存在的问题和不足。通过对评价数据的统计和分析，可以了解家校合作的优点和缺点，为进一步改进和完善提供有力支持。

3.合理利用评价结果

评价结果应该合理利用，以促进家校合作的持续发展。通过对评价结果的总结和提炼，可以将成功的经验和做法进行推广和应用；同时也可以针对存在的问题和不足制订改进措施和发展计划。

## 二、及时收集和分析家校合作的数据和信息，反馈合作成果和不足之处

及时收集和分析家校合作的数据和信息，反馈合作成果和不足之处，是推动家校合作持续发展的重要环节。通过数据和信息的收集和分析，可以更好地了解家校合作的实际情况，发现合作中存在的问题和不足，为进一步改进和完善家校合作提供有力支持。

（一）建立信息收集机制

1.确定信息收集内容

家校合作的信息收集应该包括以下方面。

（1）合作计划和方案：收集学校、家庭和社会的合作计划和方案，了解各方对合作的期望和目标。

（2）参与人员信息：收集参与家校合作的人员信息，包括学校管理者、教师、家长、社会人士等，了解各方的角色和职责。

（3）合作活动信息：收集家校合作开展的各项活动信息，包括活动内容、时间、地点、参与人员等，了解合作的实施情况。

（4）学生发展信息：收集学生的发展信息，包括学习成绩、行为表现、社交能力和综合素质等，了解家校合作对学生的影响。

2.确定信息收集方式

家校合作的信息收集应该采用多种方式，以更好地了解合作的实际情况：

（1）问卷调查：通过制定问卷收集家长、教师、学生和社会人士对家校合作的看法和建议。

（2）观察法：通过对家校合作实践的现场观察和记录，了解合作的实际效果和表现。

（3）访谈法：通过与参与家校合作的人员进行访谈，了解他们对合作的看法和建议。

（4）资料分析：通过对相关资料进行分析，了解家校合作的背景和历史情况。

（二）加强数据分析能力

1.数据分析的针对性

数据分析应该针对家校合作的实际需求进行，以更好地支持合作的发展。

（1）针对合作目标进行数据分析：通过对合作目标的数据分析，了解目标的达成情况和影响因素。

（2）针对合作活动进行数据分析：通过对合作活动的数据分析，了解活动的参与情况、效果和反馈。

（3）针对学生发展进行数据分析：通过对学生的发展数据进行统计分析，了解家校合作对学生的影响和作用。

2.数据分析的方法和工具

数据分析应该采用科学的方法和工具，以提高分析的准确性和效率。

（1）统计分析方法：运用统计学原理对数据进行描述性统计和推断性统计分析。

（2）数据挖掘技术：运用数据挖掘技术对海量数据进行深入分析和挖掘。

（3）数据可视化工具：运用数据可视化工具将数据分析结果进行图形化展示，便于理解和使用。

（三）注重反馈和应用

1.及时反馈数据分析结果

数据分析结果应该及时反馈给相关人员，以便他们了解家校合作的实际情况和问题所在；同时也可以通过制定报告等形式向学校管理者、教师、家长和社会人士等汇报情况。

2.科学分析反馈结果

针对反馈结果应该进行科学分析，以发现家校合作中存在的问题和不足。通过对数据的深入分析，可以了解家校合作的优点和缺点，为进一步改进和完善提供有力支持；同时也可以通过制订改进措施和发展计划等来推动家校合作的持续发展。

## 三、根据评价结果做出调整和改进，提高家校合作的效率和质量

根据评价结果做出调整和改进，提高家校合作的效率和质量，是家校合作持续发展的重要保障。通过对家校合作进行评价，可以了解合作的优点和缺点，针对存在的问题和不足进行改进，提高合作的效果和质量。

（一）建立评价机制

1.确定评价内容

家校合作的评价应该包括以下方面。

（1）合作计划和方案：评价家校合作的计划和方案是否科学、合理和可行。

（2）参与人员表现：评价参与家校合作的人员表现是否积极、认真和负责。

（3）合作活动效果：评价家校合作的活动效果是否明显、有益和有针对性。

（4）学生发展情况：评价家校合作对学生的发展影响是否积极、显著和全面。

2.确定评价方式

家校合作的评价应该采用多种方式，以更好地了解合作的实际情况。

（1）问卷调查：通过制定问卷收集家长、教师、学生和社会人士对家校合

作的评价和建议。

（2）观察法：通过对家校合作实践的现场观察和记录，了解合作的实际效果和质量。

（3）访谈法：通过与参与家校合作的人员进行访谈，了解他们对合作的评价和建议。

（4）资料分析：通过对相关资料进行分析，了解家校合作的历史情况、优势和不足。

（二）制定改进措施

1.针对问题制定措施

针对评价中发现的问题和不足，应该制定相应的改进措施。

（1）针对合作计划和方案存在的问题，应该重新审视计划和方案的科学性和可行性，进行调整和优化。

（2）针对参与人员表现不足的问题，应该加强人员培训和管理，提高他们的参与度和责任心。

（3）针对合作活动效果不明显的问题，应该重新审视活动的策划和实施过程，进行调整和改进。

（4）针对学生发展影响不显著的问题，应该重新审视合作的重点和方式，加强对学生个性化发展的关注和支持。

2.制订具体实施计划

改进措施的实施需要制订具体的计划和步骤。

（1）明确改进目标和计划：根据评价结果制定具体的改进目标，并制订相应的计划和时间表。

（2）落实责任人和任务：将改进任务落实到具体的人员和部门，明确各自的职责和任务。

（3）确定实施方法和步骤：根据改进目标和计划，确定具体的实施方法和步骤，包括具体的工作计划、时间安排、资源分配等。

（4）监测和评估改进效果：在改进措施实施过程中，应该定期进行监测和评估，了解改进措施的实施情况和效果，及时发现问题并进行调整和改进。

（三）加强人员培训和管理

1.加强人员培训

加强人员培训可以提高参与家校合作人员的专业素养和能力水平，提高他们的责任心和主动性。培训内容包括家校合作的理论知识、实践技能、沟通技巧等，可以采用集中培训、经验交流、案例分析等多种形式。

2.强化人员管理

强化人员管理可以提高参与人员的规范性和自律性，促进他们更好地履行职责和义务。管理内容包括制定行为规范、建立奖惩机制、加强监督和管理等，可以采用定期考核、群众监督、公示公告等多种方式。

（四）加强沟通和协作

加强沟通交流可以促进参与家校合作人员的互动和理解，及时发现和解决问题。可以通过定期召开会议、座谈交流、个别谈心等方式进行沟通交流；同时也可以利用现代信息技术手段，如微信、QQ 等，建立沟通交流平台，方便随时随地进行沟通联系。

## 五、创新合作方式和内容

1.创新合作方式

家校合作的方式应该多样化，以满足不同需求和情况。除了传统的家长会、家访、电话沟通等方式外，还可以采用以下方式。

（1）网络平台合作：利用学校网站、社交媒体等网络平台，建立家校合作专栏，发布合作信息，收集家长意见和建议，开展线上互动交流等。

（2）参与学校管理：鼓励家长参与学校的管理和决策，建立家长委员会或其他形式的家长参与机制，促进家长和学校的沟通和协作。

（3）志愿服务活动：组织家长和学生在学校内外开展志愿服务活动，如义务劳动、环保行动、公益活动等，增强家校合作的凝聚力和社会影响力。

2.创新合作内容

家校合作的合作内容应该多样化，以更好地满足学生和家长的需求。除了关注学生的学业成绩和表现外，还可以开展以下合作内容。

（1）心理健康教育：关注学生的心理健康和心理辅导，开展心理健康教育讲座和培训，加强家长和学生之间的沟通和理解。

（2）社会实践教育：组织学生参加社会实践活动，如社会调查、志愿服务、实践实习等，增强学生的社会责任感和实践能力。

（3）文化交流活动：开展文化交流活动，如中外文化交流、民族文化交流等，增强学生对不同文化的认识和理解，促进文化交流和融合。

（六）建立长期有效的机制

1.建立合作机制

建立长期有效的家校合作机制是提高合作效果和质量的重要保障。应该建立健全的家校合作制度，明确各方的职责和权利，制定科学合理的合作流程和规范，确保合作的有序进行和有效实施。

2.加强监督和管理

加强监督和管理可以确保家校合作的规范性和有效性。应该建立健全的监督机制和管理制度，对合作过程和结果进行监督和评估，及时发现问题并进行整改和调整；同时也可以建立公示公告制度，对合作情况进行公示公告，接受社会监督和评价。

3.建立反馈机制

建立反馈机制可以促进家校合作的有效实施和持续改进。应该建立健全的反馈渠道和机制，及时收集家长、教师、学生和社会人士的意见和建议，了解合作的实际情况和效果，及时反馈问题和不足并进行调整和改进；同时也可以建立奖励机制，对合作成果显著的个人和单位进行表彰和奖励，激励更多的人积极参与家校合作工作。

# 参考文献

[1]叶俊雯,倪欣怡.第三代活动理论视角下家校合作发展新路径探析[J].才智,2023(35):1-4.

[2]李小虎."双减"背景下家校协同育人的实践探索[J].学周刊,2023(35):166-168.

[3]李冉."双减"背景下学生良好学习习惯养成的问题及策略——基于家校共育的视角[J].濮阳职业技术学院学报,2023,36(6):33-36.

[4]陈建华.校园欺凌对留守儿童的影响及家校合作应对策略[J].中小学心理健康教育,2023(33):20-22.

[5]罗梦婷.生态系统理论视角下家长在家校合作中的责任解析[J].中小学德育,2023(11):13-17.

[6]黄红波."行走的德育"家校合作校本实践[J].中小学德育,2023(11):31-33.

[7]刘越.家校合作在小学心理健康教学中的有效应用[J].小学生(上旬刊),2023(11):85-87.

[8]李宁,沙爱军.心理危机干预视角下"学校——家庭——社会"协同合作的困境与对策[J].科教文汇,2023(20):18-21.

[9]鲍雪春.基于家校合作的小学语文综合性学习[J].全国优秀作文选(写作与阅读教学研究),2023(5):12-16,19.

[10]何国权.校本化与"双减"背景下小学德育家校合作研究[J].智力,2023(30):112-115.

[11]张朋.我国学校体育政策"家校合作"的制度安排、实践困境与应对措施[J].教学与管理,2023(30):95-104.

[12]王天泽,余庭芸,张春海."双减"背景下高质量家校合作:意蕴、困境及路径[J].现代中小学教育,2023,39(10):8-13.

[13]阎登科,余丹琼.重构本土化的家校合作路径——基于《乡土中国》权力观念[J].现代中小学教育,2023,39(10):14-18.

[14]尤佳.借助家校合作助力学校管理[J].教学管理与教育研究,2023,8(19):41-43.

[15]邵敏敏.互联网背景下幼儿园家校合作实践路径探究[J].天天爱科学(教育前沿),2023(10):16-18.

[16]张晓青."双减"背景下家校合作路径刍议——以 T 市初级中学阶段家校合作调查为例[J].西部学刊,2023(19):157-160.

[17]回世杰.中学常态化管理问题及其解决策略[J].教育界,2022(16):11-13.

[18]丁明宝.云南省 Q 县 L 中学家长委员会参与学校管理的调查研究[D].云南大学,2020.

[19]谷腾飞.农村中学家校合作问题与对策研究[D].河北大学,2017.

[20]卢燕.初中家长德育导师制的探索与实践[D].苏州大学,2011.